CHUMEL TORRES

MÉXICO

MANUAL DE USUARIO

AGUILAR

México: Manual de usuario

Primera edición: septiembre, 2022

D. R. © 2022, Chumel Torres

D. R. © 2022, derechos de edición mundiales en lengua castellana:
Penguin Random House Grupo Editorial, S. A. de C. V.
Blvd. Miguel de Cervantes Saavedra núm. 301, 1er piso,
colonia Granada, alcaldía Miguel Hidalgo, C. P. 11520,
Ciudad de México

penguinlibros.com

D. R. © 2022, Killer Qauke, por las ilustraciones en pp. 9, 17, 31, 79, 89, 103, 129, 155, 165 y 173
D. R. © 2022, Nayeli Rojas, por las ilustraciones en pp. 11, 13, 102, 105, 106, 122, 158
D. R. © 2022, Freepick.com, por la ilustración en p. 67
D. R. © 2022, Ricardo Ribón, Víctor Hernández,
Oswaldo Casares, Gabriel Escudero, por el texto adicional
Amalia Ángeles, por el diseño de interiores

ISBN: 978-607-381-115-6

Impreso en México – *Printed in Mexico*

A mi mamá, Chiquis.
Porque soy todo tuyo.

ÍNDICE

BIENVENIDOS
A MÉXICO

Usted está aquí

Esto significa uno de dos escenarios:

1. Naciste aquí (y no tienes otra opción).
2. Eres una persona blanca visitando Tulum.

Cualquiera que sea tu motivo para estar aquí, lo más recomendable es que no andes solo. Mi país es un país que no es así que tú digas "qué bárbaro, qué seguro". Así que, si decidiste conocerlo, toma mi mano y súbete a mi alfombra mágica a volar, que yo te voy a explicar este bellísimo desastre al que amamos y llamamos México.

Mi madre decía que México es como una caja de chocolates finos: sólo a los ricos les alcanza. Pero el chocolate viene del cacao, y así como nuestro país, el cacao tiene un origen indígena... y si se le cuida y trabaja, y se le añade azúcar y leche, es delicioso. Entonces, por ende, México es como un chocolate hecho en casa porque tienes cacao y lech... Miren, sé que hay una analogía por ahí, sólo tengo que encontrarla.

(NOTA AL EDITOR: NO publicar este texto hasta que encuentre la analogía.)

Ser mexicano está **cabrón*** (para esta y más expresiones que le sean ajenas al idioma de Cervantes, véase el glosario), y no me refiero a que somos cabrones, me refiero a que es muy confuso, caótico y embrollado este México lindo y querido.

El país está lleno de contradicciones, por ejemplo:

- ¿Cómo podemos ser una de las economías más fuertes de Latinoamérica, pero tener más pobres que países con economías más débiles?
- ¿Por qué el futbol es tan popular si nuestra selección es básicamente como el **Cruz Azul** de los mundiales?
- ¿Por qué a los progres les gusta el reggaetón si básicamente es un señor acosando a una **morra***?

México es como Bad Bunny: pocos le entienden pero muchos lo aman. Lo que pasa es que, de alguna manera, todas esas contradicciones encontraron un balance que funciona. Sí, a lo mejor parece que este país está detenido por agujas, pero esas agujas son de las chingonas, de las de **Fantasías Miguel***, y aquí van a seguir cuando todos nosotros estemos muertos (excepto Chabelo).

Y a pesar de todo… queremos a México, ¿no? O sea, cuando no nos desespera.

México es como cantar completa la de "Mis ojos lloran por ti": difícil, pero en el fondo nos une a todos. Somos un país lleno de violencia, pero también somos los que en el terremoto de 2017 salimos a ayudar cantando el himno nacional. A lo mejor un mexicano apagó la llama eterna orinándole encima, pero hay otros que nos han hecho ganar montones de medallas olímpicas en clavados (y manteniendo el nivel de orina de la alberca al mínimo —todos hacemos pipí en la alberca, no nos engañemos —). México es lo que tenemos y no está mal tratar de entenderlo.

Así que, bienvenido a México. Maneja con precaución.

(No, pero en serio maneja con precaución, aquí le damos licencia a cualquier pendejo.)

No sé si tú sepas, pero Chumel significa "el que sabe mucho de Historia", de hecho, mi primer libro se llama *La historia de la República*, y sí, les voy a hacer un *spoiler* GIGANTE, pero es importante que nos conozcan para que entiendan por qué somos así. Mejor no sigo hablando porque me quedo sin líneas para el siguiente reto, que es:

BREVE HISTORIA DE MÉXICO

(¡En una página y media sin doble espacio!)

Nosotros tenemos un chingo de puntos de origen: los olmecas, los mayas, los zapotecas, los tarahumaras... pero los que sobresalieron fueron los aztecas, que se establecieron en medio de un lago llamado Tenochtitlán. Todo iba muy chido, ya sabes, construyendo pirámides, haciendo calendarios sin edecanes y uno que otro sacrificio humano (ay, equis), hasta que llegaron los españoles en 1519 y para hacer un intercambio con los indígenas: ellos nos regalaban sus apellidos y nosotros nos volvíamos sus esclavos. En 1521 Hernán Cortés atacó Tenochtitlán😡, le quemó las patas al emperador🤮 y les puso en su madre a los aztecas 🧎👊. Los españoles reinaron 400 años hasta que Miguel Hidalgo se levantó en armas, y así pasaron los años hasta que, en 1821, los insurgentes lograron la paz a cambio de que un militar fuera emperador. Le dijimos "vavava", pero luego lo sacamos alv. A pesar de que ya éramos independientes, no nos poníamos de acuerdo en cómo gobernar (todavía), por lo que nos dividimos entre conservadores y liberales (también todavía). Como nos vieron pendejos, los franceses y los gringos aprovecharon (ajá, todavía) para invadirnos y el país se fue haciendo cada vez más chiquito y más pobre (sí, todavía). Luego nos dimos cuenta de que la Iglesia se andaba quedando con todo y Juárez cambió las leyes, ocasionando la Guerra de Reforma. Después Porfirio Díaz pegó sus nalgas a la silla presidencial por 30 años hasta que llegó Franciso I. Madero y armó la Revolución Mexicana en 1910 con la consigna: "¡Chingue su madre el que se quede más de seis años como presidente!" La pelea por el poder continuó hasta que nació el PRI, un partido que dijo: "¿Qué les parece si yo gobierno los próximos 70 años?", nosotros dijimos "no", pero cuando nos dimos cuenta ya era el año 2000. Los sacamos, regresaron y los volvimos a sacar, pero su esencia sigue viva en forma de Morena.

AMO EL CANTO DEL CENZONTLE

FIERRO
CHALE
PELANA

PÁJARO DE CUATROCIENTAS VOCE

INTO THE MEXAVERSE

Si vas llegando a nuestro país, tu primera impresión dependerá de dónde aterrices, o como toda primera vez: por dónde entres. Si vienes de visita y llegaste directo a Cancún, te tengo una noticia: amigo, eso no es México. Técnicamente sí es, pero los mexicanos vamos a Cancún para tomar hasta olvidar que nacimos aquí, así que Cancún no cuenta.

Seguramente has escuchado que hay muchos Méxicos. Esto no puede ser más cierto.

Primero está el México del sur, el de todas las postales de Un Kilo de Ayuda.

Luego está el México del Norte, el de todos los decomisos de kilos de coca.

Y luego está el del centro, donde no les importan los kilos porque comen tortas de tamal.

En el México del sur vas a encontrar la más amplia variedad gastronómica con la más mínima variedad de ingredientes. Todo tiene maíz y chile, y si te descuidas, te van a servir algo que seguramente aún esté vivo (véase el capítulo "Gastronomía").

En el México del norte no encontrarás tanta variedad gastronómica pero sí la mejor carne y los mejores mariscos, sin contar los ostiones en su concha. Lo único vivo que los norteños acostumbran comer es a sus primas (véase Nuevo León).

En el México del centro vas a encontrar todo lo que cosechan en el sur, todo lo que crían en el norte y te van a decir que ellos lo cosecharon y criaron con sus propias manos (véase **Chilangos***).

Pero ya hablaremos sobre el tema en el capítulo dedicado exclusivamente a lo que comemos en México. También es momento de aclarar algo:

Primero: las quesadillas llevan queso.

Eso no está a discusión.

Ah, y segundo: los norteños siempre vamos a considerar que abajo de Durango ya son del sur.

Dicho lo anterior pasemos a la:

Primera comparativa autorizada sobre las diferencias entre México del norte y México del sur, compilada, verificada y redactada por un norteño

VERSÍCULO I: del habla, modismos y vericuetos del lenguaje

En el norte se habla más inglés que en cualquier otro lado de México (exceptuando Cancún, pero ya establecimos que Cancún no es México).

Sí, nos creemos gringos porque estuvimos a unos cuantos kilómetros de serlo. Con tantita más floja la mano que hubiera tenido Antonio López de Santa Anna a la hora de firmar el Tratado de La Mesilla, los norteños no se sentirían tan tocados por Dios porque serían sureños gringos y a esos weyes hasta los gringos los discriminan. (Véase **tus tías de Phoenix***.)

En el norte nuestro acento es más como el de los Osos Montañeses. En el sur es como estar en una película de Ismael Rodríguez. (Si no entendiste las referencias porque naciste cuando ya había internet, ahí va la aclaración: en el norte hablamos como Franco Escamilla y en el Sur como Fedelobo.)

Y, ojo, todos juramos que nuestro acento es el "acento neutro". Hasta Fedelobo.

En el sur les dicen *pants* a los pantalones deportivos, en el norte les decimos *pantalonera*. En el sur se beben una *chela*, en el norte nos tomamos una *cheve*. En el sur la gente *se confunde*, en el norte *se reboruja*. En el sur a los niños les dicen *escuincles*, en el norte *lepes*. En el sur tienes un *valedor* o *un cuate*, en el norte tienes un *compa* o un *chingo de compas*. En el sur sales a tomar un *chesco* con tu *novia*, en el norte llevas a tu *morra* (véase prima) por una *soda*. En el sur *estacionas* tu *coche*, en el norte *parkeas* tu *carro*. En el sur el bueno es Cantinflas, en el norte el que rifa es Tin Tan.

VERSÍCULO II: de los genes, colores, castas y razas

Nada. Todos somos mexicanos. Y tenemos tantos tonos, colores y formas como los ositos cariñositos (dato para la Generación Z: los mexicanos tenemos todos los colores y formas que ha tenido Eiza González). Lo más **chingón*** de este país es que en la misma familia puedes tener un tío que parece Kalimba, el cual es hermano de tu tía la que se parece a Daniel Bisogno (todos tenemos una tía que se parece a Daniel Bisogno, piénsenlo, neta) y adivinen qué, ninguno es más mexicano que el otro.

Pero que seamos todos mexicanos no evita que notemos las claras diferencias en las subespecies que pastan y mugen en esta chinampa llamada *Mecsicou*.

VERSÍCULO III: de la geografía, orografía,mares, cerros, montes, montañas y socavones

En este país tenemos todos los climas y todos los eco-sistemas. Tenemos acceso directo al océano Pacífico, al golfo de México y al mar Caribe (no ver: Bolivia, awww). En el sur hay selvas dignas de cualquier película de Vietnam y en el norte desiertos que no le piden nada a los *spaghetti westerns*. Si lo tuyo son las alturas están las montañas de Nuevo León, pero si eres más de las profundidades están los cenotes de Yucatán.

¿Playa y selva? Ahí están Guerrero y Oaxaca. ¿Playa y desierto? Baja California y Sonora. Pueblos Mágicos como Ecatepec, pueblos fantasma, pueblos que no se identifican como "pueblo" (véase Puebla). En fin, aquí hay de todo y para todos.

Lo que nos lleva directamente al:

CHINGAR ES VERBO, NO SUSTANTIVO

Para aprender a usar *un México*, hay que entender su funcionamiento, configuración y cableado. Y uno de sus componentes principales consiste en sus habitantes: los mexicanos.

Y entender al mexicano no es cualquier cosa. La idiosincrasia mexicana es... complicada.

Los mexicanos somos como los *midiclorians* de La Fuerza: su creador los niega, pero sabemos que ahí están. Moviendo todo desde adentro. Aunque parezca que todos corren por su lado como gallinas sin cabeza, está en nuestra naturaleza unirnos. Y así como nos unimos cuando se necesita, también nos chingamos (aunque no se necesite).

Pero, ¿qué es CHINGAR?

La palabra tiene connotaciones sexuales y significa efectuar el frío acto sexual (y pecado) conocido como La Fornicación.

Pero el ocurrente mexicano usa la palabra para evidenciar una situación de ventaja (el que chinga) sobre una contraparte en desventaja (el chingado). ¿Quedó claro? ¿No? Va la conjugación:

Yo chingo

Tú chingas

Él chinga

Nosotros chingamos

Vosotros chingáis

Ustedes chingan

Ellos chingan

El PRI chingue a su madre

El mexicano chinga casi por obligación. Es deporte nacional. Mucha gente se despierta y lo primero que piensa es a quién chingar. No le pide a Dios que le dé sino que lo ponga donde hay (a quién chingarse).

Y tal vez lo tenemos en los genes de una manera evolutiva desde que España nos chingó en la Conquista (históricamente podríamos decir que fue la "primera vez" que nos chingaron). Y desde entonces parece que estamos sedientos de venganza por chingarnos a los demás.

México corre para ganar lugar en el metro y chingarse a los demás.

México se estaciona en medio de dos lugares por chingar.

México habla mal de otra persona que no le hizo nada, sólo por chingar.

Porque hacer lo correcto es posible, pero si en el proceso nos chingamos a alguien, sabe mejor.

Sociólogos internacionales que han analizado el fenómeno suponen en sus tesis que este comportamiento se debe a que somos en extremo competitivos, *rivalizantes* y perfeccionistas... pero no... Nomás nos gusta chingar. Y si el chingamiento lo podemos efectuar evitando en lo posible ser chingados, estamos ante la definición del éxito para el mexicano.

$$\text{Éxito} = \frac{\text{Chingar}}{\text{Ser chingado*}}$$

*Amigue lector, te invito a que en este momento pongas una mariposa o una rosa deshidratada a modo de separador de libro y te des un momento para pensar quién te está chingando, a quién chingarte y cómo te lo vas a chingar. Tómese esto como un *break* chingativo.

Por todas estas razones. Quiero aprovechar para presentarles una iniciativa de ley que contemple el derecho de chingar basada en el siguiente manifiesto:

MANIFIESTO DEL DERECHO A CHINGAR

México, CDMX, 2022

Chingar no es crear ni destruir;
simplemente es transformar.
—Lavoisier—

A quien corresponda:

En estos momentos de desconcierto, la acción y efecto de chingar parecen necesarias para sobrevivir al México moderno. Chingar no está mal. Porque nada salido del corazón puede estar mal. Y los mexicanos chingamos de corazón.

Chingar no es una causa, es una consecuencia. Es una actitud y una forma de vida. Ésta es tu vida y haz lo que amas, y si amas chingar: chinga. Y deja en ello la vida misma.

Es por eso que proclamo como única verdad: la verdad chingativa.

Manifiesto y sostengo que estas verdades son evidentes en esencia. Y al que no le parezca, que se chingue.

Camarada
Chumel Torres
P r e s e n t e

¿SOMOS TODO LO QUE NOS DICEN QUE SOMOS?

El país en números

En México y el mundo los mexicanos no sabemos camuflarnos. Desde tu papá visitando el Vaticano con su playera de la selección, hasta tus tías tratando de regatear* un calzón en Victoria Secret (clásico axioma: "¿y si me llevo dos?").

Y ni me hagan empezar con nuestro comportamiento en países extranjeros: respetamos las reglas (menos Fernández Noroña frente a un letrero de "Por favor tomar una ducha antes de entrar a la alberca").

Y a pesar de todo, la neta es que, en general, somos bien recibidos a donde vayamos. Por alguna razón a los extranjeros les cae bien nuestra mexicanidad, nuestra música y nuestra comida, y hasta algunas de las personas que nos representan en sus países.

Eso nos obliga a preguntarnos... ¿en realidad somos eso que nos dicen que somos? ¿Nos ve la gente de afuera como en realidad somos? ¿Cómo está parado México en el mundo?

Así que, si vamos a hablar sobre lo mexicano y la representación de lo mexicano, necesitamos entrarle desde la mirada del otro (o sea, de cualquier otro que no sea mexicano), sobre todo en los temas que más nos preocupan (o deberían preocuparnos, no sé por qué están tan tranquilos leyendo este libro, como si no estuviera todo el país en llamas). Tons, ¿cómo vamos en cada área?

Suena increíble, pero México es la segunda economía más grande de Latinoamérica y una de las 15 principales del mundo. ¿Dónde está ese dinero? Sepa la madre, pero todo lo que no tienes en la vida real, por lo menos lo puedes presumir *estadísticamente*.

Toda la vida nos han recetado discursos sobre cómo sólo necesitamos impulsar nuestro sistema educativo para tener un país de Elons Musks. Bueno, pues ¿qué crees? En educación, en 2020 ocupamos el lugar 78 de 130 en el Índice de Competitividad Global. Y si me preguntas ¿ese lugar es bueno o malo? No tengo idea porque estudié en México y sólo sé contar hasta el 100. Y un poco ahí está la respuesta.

En materia de seguridad, reprobamos más cabrón que un antropólogo entrando por error a cualquier clase que implique números. En el ranking de países seguros e inseguros de 2021 el Foro Económico Mundial y el Instituto Mundial de la Paz ubicaron a México en el lugar 128. Podríamos decir que nos ROBAMOS el puesto.

Es más, en 2019 el Comité para la Protección de Periodistas ubicó a México y a Siria como los dos países más peligrosos para ejercer el periodismo. ¡Siria, mamón! ¿Sí sabes que Siria lleva ONCE AÑOS en guerra? ¿En qué momento se volvió igual de peligroso ser un López Dóriga que un desmantelador de bombas... ¡en Siria!?

Y si pensabas que ser periodista es deporte de alto riesgo, aguántame las **carnitas***, hay algo todavía más peligroso: ser mujer. Así nomás. No necesitas ponerte en situaciones particularmente amenazantes como meterte a un cártel o aceptar una invitación de Rix. México es el cuarto país más peligroso para ser mujer en todo el mundo, detrás de Sudáfrica, Brasil y Rusia.

Pero, hey: México es el país latinoamericano con más récords Guinness (¿*Recordses Guinnesses*?). Sexto a nivel mundial, con 217 *recordses*. Algunos de ellos son sumamente absurdos, como el burrito más grande, la caminata de perros de una misma raza más grande del mundo, la ración de guacamoles más grande (¿se fijan que casi todo es "lo más grande"? ¿No será que queremos compensar *algo*?).

Y además estamos en el séptimo lugar de los países con más lugares reconocidos como Patrimonio de la Humanidad por la UNESCO.

Ya, ya, está bien, son consuelos bastante tontos. Ya lo sé. De vuelta a la realidad, pues.

En 2019 la proporción de jóvenes que no trabajaba y no participaba en educación o en capacitación era una de las más altas entre los países de la Organización para la Cooperación y el Desarrollo Económicos (OCDE). A algunos de estos jóvenes les dicen ninis, aunque otros más sensibles prefieren el término jóvenes-en-situación-de-no-trabajar-o-estudiar-por-culpa-del-periodo-neoliberal-y-de-Felipe-Calderón).

¿Se acuerdan de que ser mujer en este país es peligroso? Bueno, pues además de eso, ser mujer paga terrible. Literalmente. La participación laboral de la mujer en México está muy por debajo de la de los hombres y es baja en comparación con otros países.

En 2019 fue tan sólo de 45%, comparado con 77% para los hombres, una brecha de 32%. En esta región, sólo Guatemala tiene menor participación que México.

¡Guatemala, cabrón! O sea, no son Siria y no están en guerra, pero... o sea... ¿sí me entienden?

CADA ESTADO TIENE LO SUYO

México es un país grande y variado que actualmente tiene... ~~30 estados.~~

Por petición de mi editor, tendremos que incluir Colima y Campeche, a pesar de que nadie sabe dónde están ubicados.

Así que acompáñame (en el libro, no en la vida real, pinche psicópata) a conocer datos de los estados de este país....

Esperen... me indican que el estado de ebriedad no es un estado real, y como ya dije que son 32, pues tendré que incluir a Tlaxcala, a pesar de que se trata seguramente de un invento más del escritor Juan Rulfo.

Aguascalientes

CAPITAL: Aguascalientes (creativos los chavos, ¿eh?).

GENTILICIO: hidrocálidos (suena a *table dance*, la verdad).

¿QUÉ SIGNIFICA?: pues que hay aguas... y están calientes.

¿QUÉ HAY?: la Feria de San Marcos, también conocida como la cantina más grande del país. Diosmelabendiga.

PERSONAJES NACIDOS AHÍ: José Guadalupe Posada, el Cibernético y mi tremendísimo Capi Pérez.

DATO PENDEJO: Capi Pérez.

DATO PENDEJO 100% REAL NO *FAKE*: Aguascalientes solía formar parte de Zacatecas hasta que, según cuenta la leyenda, la esposa de un político le dio un beso en los labios a Santa Anna para convencerlo de separar los estados. Claro... en los labios.

Baja California

CAPITAL: Mexicali (¿entendieron? ¿México? ¿California?).

GENTILICIO: bajacalifornianos (muy largo, yo les diré anos).

¿QUÉ SIGNIFICA?: que son la parte baja de... California.

¿QUÉ HAY?: Tijuana, donde todo es legal si tienes el dinero suficiente, y el Valle de Guadalupe, el paraíso de los borrachos sociales (véase Felipe Calderón, Chumel Torres).

PERSONAJES NACIDOS AHÍ: Julieta Venegas (Dios me la bendiga), Lupita D'Alessio (Dios me la bendiga dos veces) y la margarita (la bebida, no la diosa de la cumbia).

DATO PENDEJO: ahí filmaron *Titanic*, todavía se pueden ver partes del barco y darse cuenta de que Jack cabía perfectamente con Rose en la puerta (porque en el carro ya había *cabido* mi chingón).

Baja California Sur

CAPITAL: La Paz.

GENTILICIO: sudbajacalifornianos (les llamaré: suda-nos).

¿QUÉ SIGNIFICA?: que son la parte baja... de... La Baja... California.

¿QUÉ HAY?: Los Cabos y una carretera que te lleva a Baja California.

PERSONAJES NACIDOS AHÍ: Pues... van muchas ba-llenas, así que... ¿Keiko?

DATO PENDEJO: dicen que en Los Cabos empieza y termina el mundo, justo en El Arco, en donde el mar de Cortés conecta con el océano Pacífico. Wow, qué aburridísimo dato.

Campeche

CAPITAL: San Francisco de Campeche (es como San Francisco... pero con campechanos, o sea Oaxaca).

GENTILICIO: campechanos (basados en el famoso taco, dato por confirmar).

¿QUÉ SIGNIFICA?: Lugar de serpientes y garrapatas (o como yo lo conozco: YouTube).

¿QUÉ HAY?: campechanos. Y un carnaval... pero con campechanos, o sea, la Guelaguetza.

DATO PENDEJO: colinda con Guatemala y Belice, y hasta la fecha no hemos convencido a ninguno de quedárselo. Para sorpresa de nadie, es el estado menos poblado del país.

Chiapas

CAPITAL: Tuxtla Gutiérrez.

GENTILICIO: chiapanecos.

¿QUÉ SIGNIFICA?: Río de la chía.

¿QUÉ HAY?: el Cañón del Sumidero, San Cristóbal de las Casas y muchos lugares que tu amigo el mari-huano* babea por conocer.

PERSONAJES NACIDOS AHÍ: Irma Serrano, "La tigresa".

DATO PENDEJO: en una batalla durante la Conquista, cuando los chiapanecos se vieron sobrepasados por los españoles, decidieron suicidarse y brincar al Cañón del Sumidero. *Badass*.

Chihuahua

CAPITAL: Chihuahua.

GENTILICIO: chihuahuenses (atrévete a llamarnos chihuahueños y te rompemos el hocico).

¿QUÉ SIGNIFICA?: Lugar seco y arenoso... de puro chingón.

¿QUÉ HAY?: la mejor carne del país y gente atractiva, no necesitas más.

PERSONAJES NACIDOS AHÍ: Pancho Villa, Aracely Arámbula, Lucha Villa y su humilde servidor. Les digo, puro chingón.

DATO PENDEJO: es el estado más grande del país. Una vez en un periódico local fue noticia que dos hombres se tomaron de la mano en el centro.

Ciudad de México

CAPITAL: no hay, así que digamooosss... El Charco de las Ranas.

GENTILICIO: chilangos, aunque ellos digan que no es así, son chilangos.

¿QUÉ SIGNIFICA?: que antes era el Distrito Federal.

¿QUÉ HAY?: lo que pinches quieras a la hora que quieras... y tortas de tamal.

PERSONAJES NACIDOS AHÍ: José José, o sea: Dios.

DATO PENDEJO 1: es la ciudad con más taxis en el mundo.

DATO PENDEJO 2: es la ciudad con más taxistas en el mundo.

Coahuila

CAPITAL: Saltillo (para los gringos: *Little Jump*. Para Margarito: *Jump*).

GENTILICIO: coahuilenses.

¿QUÉ SIGNIFICA?: Víbora que vuela (o sea: Laura Bozzo en parapente).

¿QUÉ HAY?: fiestas de la vendimia y sotol, un chingo de sotol.

PERSONAJES NACIDOS AHÍ: Francisco I. Madero, Carmen Salinas, León de Zoé y un Bichir (el que usted guste, da igual cuál, la neta).

DATO PENDEJO: una vez Bob Dylan los mencionó en una canción... y ya.

Colima

CAPITAL: Colima.

GENTILICIO: colimenses.

¿QUÉ SIGNIFICA?: Colima.

QUÉ HAY: colimenses.

PERSONAJES NACIDOS AHÍ: el volcán de Colima.

DATO PENDEJO 1: el volcán de Colima está en Jalisco. 😵

DATO PENDEJO 2: tienen un lugar llamado La zona mágica, donde colocas un objeto en su pendiente y subirá en vez de bajar. Nada impresionante, en CDMX dejas un objeto en una pendiente y no lo vuelves a ver.

Durango

CAPITAL: Victoria de Durango.

GENTILICIO: duranguenses (¡como el pasito!).

¿QUÉ SIGNIFICA?: Vega rodeada de agua y montañas (lee bien, escribí *vega*).

¿QUÉ HAY?: alacranes y mezcal, a veces en el mismo vaso.

PERSONAJES NACIDOS AHÍ: Guadalupe Victoria, Dolores del Río.

DATO PENDEJO: ahí se filmaron aproximadamente 200 películas de vaqueros.

Estado de México

CAPITAL: Toluca.

GENTILICIO: mexiquenses, asaltantes.

¿QUÉ SIGNIFICA?: Tierra de *mexitli* (o sea, crimen).

¿QUÉ HAY?: el Nevado de Toluca, las pirámides de Teo-tihuacán, mucho chorizo y mucha inseguridad.

PERSONAJES NACIDOS AHÍ: Sor Juana Inés de la Cruz y Ninel Conde (Dios da, Dios quita).

DATO PENDEJO: Toluca es la segunda ciudad con más museos en el país y ninguno está chido.

Guanajuato

CAPITAL: Guanajuato.

GENTILICIO: guanajuatenses, huachicoleros.

¿QUÉ SIGNIFICA?: En el cerro de la rana (¿no es esa una canción de Cepillín?).

¿QUÉ HAY?: momias y el Festival Internacional Cervan-tino.

PERSONAJES NACIDOS AHÍ: José Alfredo Jiménez, Diego Rivera, Lucía Méndez.

DATO PENDEJO: siete de cada diez pares de zapatos en México son de Guanajuato. O sea, son tuyos, pues, pero los hicieron allá.

Guerrero

CAPITAL: Chilpancingo de los Bravo.

GENTILICIO: guerrerenses (¿por qué no se dicen guerreros?, es un enigma).

¿QUÉ SIGNIFICA?: que son fans de Vicente Guerrero.

¿QUÉ HAY?: plata, Acapulco y la casa de Luis Miguel.

PERSONAJES NACIDOS AHÍ: Joan Sebastian, Jorge Campos.

DATO PENDEJO: La Quebrada, el lugar icónico de clavados, mide 45 metros de alto y en 86 años de servir para eso, no ha muerto ningún clavadista. Se han muerto, pero de otras cosas.

Hidalgo

CAPITAL: Pachuca de Soto.

GENTILICIO: hidalguenses.

¿QUÉ SIGNIFICA?: Lugar donde la gente se bebe un trago de golpe.

¿QUÉ HAY?: pastes y un Museo del Futbol en forma de balón.

PERSONAJES NACIDOS AHÍ: Miguel Herrera (ahora en forma de balón).

DATO PENDEJO: dicen que se le conoce como "La bella airosa" porque de junio a octubre los vientos alcanzan 75 km por hora, pero hay una leyenda que dice que fue porque le preguntaron a un gringo como sentía la ciudad y les dijo "Pretty Windy" (weeeeeyy 💀).

Jalisco

CAPITAL: Guadalajara.

GENTILICIO: jaliscienses.

¿QUÉ SIGNIFICA?: En la superficie de arena, o en el arenal.

¿QUÉ HAY?: tortas ahogadas, Puerto Vallarta, tequila, la Feria del Libro.

PERSONAJES NACIDOS AHÍ: Chicharito, Guillermo del Toro, Vicente Fernández y Checo Pérez.

DATO PENDEJO: La Perla Tapatía obtuvo el récord de la torta ahogada más grande en el mundo en 2010, con 646 metros (1292 margaritos*) y absolutamente en ningún metro supo chido.

Michoacán

CAPITAL: Morelia.

GENTILICIO: michoacanos (¡como las paletas!).

¿QUÉ SIGNIFICA?: Lugar de los pescados.

¿QUÉ HAY?: personas siendo y/o haciendo carnitas.

PERSONAJES NACIDOS AHÍ: José María Morelos y Pavón, Agustín de Iturbide, Marco Antonio Solís (los tres héroes más grandes de este perro país).

DATO PENDEJO: ahí se encuentra el volcán más joven del mundo, el Paricutín, de 77 años. *Dude*, Porfirio Muñoz Ledo es más viejo que un volcán. "¿Viejos los cerros?" No para ti, Porfirio.

Morelos

CAPITAL: Cuernavaca.

GENTILICIO: morelenses.

¿QUÉ SIGNIFICA?: que les cae muy bien José María Morelos.

¿QUÉ HAY?: casas con albercas y Yuya.

PERSONAJES NACIDOS AHÍ: Yuya. El bebé de Yuya.

DATO PENDEJO: Franco Escamilla nació ahí, lo que le otorga el título de "el morelense más importante que todos pensábamos que era de Monterrey".

Nayarit

CAPITAL: Tepic.

GENTILICIO: nayaritas.

¿QUÉ SIGNIFICA?: Hijo de Dios que está en el cielo y en el sol.

¿QUÉ HAY?: Sayulita, surfeadores y hippies.

PERSONAJES NACIDOS AHÍ: María Antonieta de las Nieves y Juan Escutia (sí, la Chilindrina y el niño héroe).

DATO PENDEJO: en Tepic hay un cruce de calles que se conoce como Las siete esquinas porque, no me lo van a creer, pero... tiene siete esquinas.

Nuevo León

CAPITAL: Monterrey.

GENTILICIO: regiomontanos, mamones.

¿QUÉ SIGNIFICA?: los españoles lo vieron como el Nuevo Reino de León.

¿QUÉ HAY?: calor, cabrito, cerveza, un cerro en forma de silla de montar y lo que sea que es Multimedios.

PERSONAJES NACIDOS AHÍ: Alicia Villarreal, Piporro, Ely Guerra, ~~Franco Escamilla~~.

DATO PENDEJO 1: Samuel García.

DATO PENDEJO 2: a finales de los años noventa vio nacer a un movimiento de rock nacional que se bautizó como la Avanzada regia y sólo por eso les perdonamos que sean insufribles.

Oaxaca

CAPITAL: Oaxaca de Juárez (¡como el queso!).

GENTILICIO: oaxaqueños (¡como los tamales!).

¿QUÉ SIGNIFICA?: El lugar en la punta del guaje (¡como el albur!).

¿QUÉ HAY?: tlayudas, la Guelaguetza, playas nudistas y escuelas sin clases.

PERSONAJES NACIDOS AHÍ: Benito Juárez, Porfirio Díaz, Lila Downs, el Queso Oaxaca.

DATO PENDEJO: es el estado con el mayor número de municipios: 570. Y el segundo estado con más oaxaqueños después de la Ciudad de México.

Puebla

CAPITAL: Puebla de Zaragoza.

GENTILICIO: poblanos (no les digan pipopes).

¿QUÉ SIGNIFICA?: hace referencia a la palabra población (en serio, no les digan pipopes).

¿QUÉ HAY?: mole, iglesias y pipopes.

PERSONAJES NACIDOS AHÍ: Capulina 💀

DATO PENDEJO: la mayor población de poblanos fuera del estado se encuentra en Nueva York. Perdón, Nueva York.

Querétaro

CAPITAL: Santiago de Querétaro.

GENTILICIO: queretanos.

¿QUÉ SIGNIFICA?: Lugar de piedras grandes.

¿QUÉ HAY?: La Peña de Bernal (una piedra grande), un acueducto y absolutamente todo con el nombre La Corregidora.

DATO PENDEJO: en Querétaro se fundó el PRI, no hay suficientes insultos que describan lo que siento.

Quintana Roo

CAPITAL: Chetumal.

GENTILICIO: quintanarroenses.

¿QUÉ SIGNIFICA?: el apellido de Andrés Quintana Roo.

¿QUÉ HAY?: playas, antros, tiempos compartidos y *tulu-minatis* que vibran alto.

PERSONAJES NACIDOS AHÍ: Ana Claudia Talancón.

DATO PENDEJO: me mama Cancún.

San Luis Potosí

CAPITAL: San Luis Potosí.

GENTILICIO: potosinos.

¿QUÉ SIGNIFICA?: unión en honor al rey Luis IX de Francia y a la región minera de Bolivia, Potosí. aok.

¿QUÉ HAY?: Real de catorce, enchiladas potosinas y peyote.

PERSONAJES NACIDOS AHÍ: Ana Bárbara.

DATO PENDEJO: ahí se inventaron las micheladas* y una vez fueron Brad Pitt y Julia Roberts a grabar una película. Les hizo daño una michelada.

Sinaloa

CAPITAL: Culiacán Rosales.

GENTILICIO: sinaloenses.

¿QUÉ SIGNIFICA?: Pitahaya redonda. Manco.

¿QUÉ HAY?: aguachiles y buchonas, no necesitas nada más en la pinche vida.

PERSONAJES NACIDOS AHÍ: Pedro Infante, Margarito (equivalente a 1 Margarito), Kalimba.

DATO PENDEJO: ahí se encontró el meteorito de Bacubirito, el quinto más grande del mundo. La verdad no busqué más por andar pensando en aguachiles... y buchonas.

Sonora

CAPITAL: Hermosillo.

GENTILICIO: sonorenses.

¿QUÉ SIGNIFICA?: mala pronunciación de la palabra "señora" por los nativos durante la llegada de los españoles. No es broma.

¿QUÉ HAY?: beisbol, bacanora, coyotas, carne asada, un chingo de desierto y gente bien guapa.

PERSONAJES NACIDOS AHÍ: Julio César Chávez, Mario Almada, Valentín Elizalde (beso al cielo).

DATO PENDEJO: nos ha dado cinco presidentes de la República. ¡Cámara, culeros!

Tabasco

CAPITAL: Villahermosa (hay al menos dos mentiras en ese nombre).

GENTILICIO: tabasqueños.

¿QUÉ SIGNIFICA?: viene del cacique Tabscoob.

¿QUÉ HAY?: pejelagartos, pantanos y proyectos presidenciales.

PERSONAJES NACIDOS AHÍ: Martha Higareda y la joven promesa de la política, Andrés Manuel López Obrador.

DATO PENDEJO: todos creen que la salsa Tabasco la hacen ahí, pero no, unos gringos se robaron unos chiles tabasqueños y la hicieron en Estados Unidos.

Tamaulipas

CAPITAL: Ciudad Victoria.

GENTILICIO: tamaulipecos.

¿QUÉ SIGNIFICA?: lugar donde se reza mucho (Tam: rezar, Aulipas: un chingo).

¿QUÉ HAY?: tortas de la barda, jaibas y ovnis (muchos acólitos del patriarca Maussan creen que los ovnis los protegen de los huracanes).

DATO PENDEJO: tienen un lugar llamado Valle del ovni, el paraíso de Jaime Maussan.

Veracruz

CAPITAL: Xalapa (sí, con x).
GENTILICIO: veracruzanos.
¿QUÉ SIGNIFICA?: Verdadera cruz.
¿QUÉ HAY?: mariscos y la casa de Yuri.
PERSONAJES NACIDOS AHÍ: Yuri.
DATO PENDEJO: de ahí son los voladores de Papantla. Y no vamos a hacer chistes sobre eso porque son súper enojones y te demandan. Es muy neta esto. Se enojan cabrón. Giran de emputados.

Yucatán

CAPITAL: Mérida.
GENTILICIO: yucatecos.
¿QUÉ SIGNIFICA?: "Oye cómo hablan".
¿QUÉ HAY?: pirámides, hamacas, cochinita y calor.
PERSONAJES NACIDOS AHÍ: Armando Manzanero.
DATO PENDEJO: los yucatecos rompen las piñatas con
    los puños, no esperamos mucho de ellos. Salva-
    jes.

Zacatecas

CAPITAL: Zacatecas.
GENTILICIO: zacatecanos.
¿QUÉ SIGNIFICA?: lugar donde abunda el zacate.
¿QUÉ HAY?: minas... y zacate.
PERSONAJES NACIDOS AHÍ: El Perro Aguayo.
DATO PENDEJO: tienen a un Niño Dios gigante, de 6.58 m. (¡Poco más de 13 Margaritos!)

Tlaxcala

Usa este espacio para dibujar cómo te imaginas que sería Tlaxcala si existiera.

1 MARGARITO = 500 MM

1 MARGARITO

1.4 MARGARITOS

1 KEMONITO

3 MARGARITOS

1 CALDERÓN

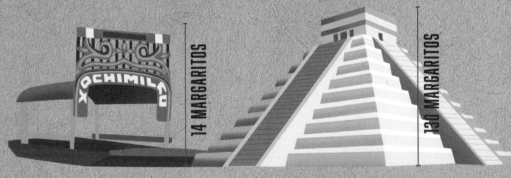

14 MARGARITOS

1 TRAJINERA

130 MARGARITOS

1 PIRÁMIDE

MEXICANOS EN EL EXTRANJERO

PAISANOS QUE SÍ NOS LLENAN DE ORGULLO (O NO, PERO SON MUY CONOCIDOS)

Música
(O como dice tu papá: "No, no, no, métete a una carrera de verdad")

Ahora que ya definimos qué chingados es México en el mundo, tenemos que hablar de las personas que nos representan en el extranjero, y aunque Trump dijo que somos lo peor de lo peor (que tiene razón un poquito), también existen personas que están ahí afuera pateando traseros.

En la actualidad, hay aproximadamente 11,796,178 migrantes mexicanos regados por el mundo, somos el segundo país con más banda* afuera buscando una oportunidad (11,796,179 al terminar de leer este párrafo).

Por lo tanto, los dejo con los mexicanos que más rifan* en el extranjero.

Panteón Rococó

Por alguna extraña razón a los europeos les gusta mucho el ska en español y con la Maldita Vecindad (otro grupo de ska) como su predecesor, estos estudiantes truncos de la escuela de Filosofía y Letras han triunfado con sus canciones, como "La dosis perfecta", "La carencia", "Toloache pa' mi negra" (¿es neta?, racismo y acoso sexual en un mismo título) y "La nena de los Converse amarillos", que es una canción que no existe, pero acéptalo, la verdad sí creíste que podría ser de ellos. Su líder se llama Doctor Shenka, nuestra respuesta a Dr. Dre.

Maná

Cada que conocemos a un guatemalteco, como mexicanos estamos obligados a exigirles que nos pidan perdón por Arjona. Pues ellos pueden hacer lo mismo con Maná.

Mundialmente famosos por canciones como "Rayando el sol", "Clavado en un bar" y "Mariposa traicionera", todos sus discos suenan exactamente igual y, como reguetoneros en el FlowFest, sólo personas con prepa trunca saben distinguir uno del otro.

Su líder se llama Fher (sí, así se puso: "Fhhhheer", dilo en voz alta, es super de oso: "F-hhhh-eeerr". ¿Verdad que da poqui oso?, jajaja, Fheeeer... nahmames) y en estos momentos se encuentra en la última fase de su transformación en antropóloga lesbiana.

Carlos Santana

De Autlán de Navarro, Jalisco, este guitarrista conquistó al mundo de los señores marihuanos con sus solos de guitarra. O como les dice tu papá, "requintos" (si tu papá no les dice requintos, no es tu papá. Aguas).

Se cree que sus fans son los creadores de la frase chavorruca* por excelencia: "Tú que vas a saber de rock, chamaco pendejo".

En el 99 sacó su álbum *Supernatural*, que fue bien recibido entre los viejos fans y los jóvenes, creando pequeños lazos familiares para escuchar juntos el disco, lazo que terminó rompiéndose al llegar al track 9, canción que canta nada más y nada menos que Fher, de Maná.

Luis Miguel

Habrá gente que me dirá: "Pero, Chumel, Luis Miguel no es mexicano", y yo les diré: "Los veo a las 5:00 pm en metro Salto del Agua para agarrarnos a putazos, hijos de su perra madre. Si Luismi no es mexicano, ¿entonces por qué canta 'México en la piel', eh?, explícame eso, cerebrito. ¡Lo lleva *en la piel*, estúpido!"

Micky, como le dicen los mamadores que dicen que lo conocen, es uno de los máximos exponentes de la música en español y es la prueba viviente de lo que te pasa cuando nadie te ha dicho NO en toda tu vida.

Ídolo pop desde muy pequeño, con una infancia tortuosa y unos ojos verdes en los que es muy fácil perderse, regresó en forma de serie, lo que nos hizo recordar: "Ah no mames, ¡qué bueno era Luis Miguel!", para luego decir: "Ah no mames, ¡qué gordo se puso Luis Miguel!",

71

para luego pasar a: "¿Qué pedo con las cejas de Luis Miguel?", finalizando con: "No jodas, ¡Juanpa Zurita no actúa una verga!"

Cine

Salma Hayek

Veracruzana que triunfó primero en México en comerciales y telenovelas, para luego conquistar Hollywood en películas como *Pistolero*, *Wild Wild West*, *Del crepúsculo al amanecer* y *Frida*, por la cual fue nominada al premio Oscar.

Hizo telenovelas en Televisa.

Diego Luna y Gael García Bernal

Los charolastras, son dos ¿actores? que han estado juntos en algunas películas y cada uno decidió emprender por su cuenta una carrera de cine dentro de Hollywood.

Diego ha trabajado con Steven Spielberg, Sean Penn, Matt Damon, Woody Allen y por si fuera poco, ESTUVO EN MOTHER FUCKING STAR WARS, QUÉ PEDO, PERROS.

Mientras que Gael... pues Gael estuvo... en esta de... la de... la tengo en la punta de la lengua... la de... anduvo con Natalie Portman, eso ya está cabrón...

Ambos hicieron telenovelas en Televisa.

Alfonso Cuarón - Guillermo del Toro - Alejandro González Iñárritu

Los llamados "tres amigos" son directores de cine que han ganado el premio Oscar por películas como *The Revenant*, en la que un oso se coge a Leonardo Di Caprio; *The Shape of Water*, en la que una morra se coge a un sapo mamado y *Gravity*, en la que el espacio se coge a George Clooney.

Son los tres mejores directores que el mundo haya conocido, su talento es incomparab... ¿qué es esto? Ay, perdón, qué pena, es mi hoja para un casting en cualquiera de sus próximos proyectos. ¿No? ¿Nadie?

Hicieron series para Televisa, pero para fines prácticos diremos que también fueron telenovelas.

Deportes

Hugo Sánchez

Futbolista y dentista (?) que ganó muchos premios por patear el balón muy fuerte en un equipo que se llama el Real Madrid.

En su regreso a México, Hugo trajo una terrible enfermedad que le impidió volver a hablar como mexicano y siempre tendrá un acento español, haciéndolo insufrible al escucharlo. Se han reportado casos de gente que con tan sólo una semana de estar en España regresa con este triste síndrome.

Javier Hernández

El Chicharito es, tal vez, la leguminosa más famosa del mundo. Estuvo en grandes equipos de ligas de Inglaterra, Alemania y Estados Unidos y es el paciente cero del síndrome "cara de niño, pito de señor".

¿Jugó bien? Nadie sabe y a nadie le importa, miren nada más esa carita tan hermosa, si dice que metió 10 goles, ¡le crees, puñetas!

Una vez nos pidió imaginar cosas chingonas.

Sergio Pérez

En 2011 "Checo" Pérez debutó en la Fórmula 1, la máxima categoría del automovilismo en el mundo. Ha trabajado con escuderías importantes como McLaren y ahora Red Bull Racing. Desde que ganó su primer título absolutamente todos los mirreyes juran que lo conocen, así que... ¿felicidades?

María del Rosario Espinoza

Resulta que México es bueno para el box de las patadas, o sea el taekwondo, y tenemos muchas medallas por eso.

Pero María del Rosario nos ha regalado triunfos como el oro en los Olímpicos de Pekín en 2008 y otras dos medallas en Londres 2012 y Río de Janeiro 2016.

A ver, quiero ver que le digas: "Írala, despídete bien".

OTROS MEXAS CHINGONES QUE NO SON DEPORTISTAS O ACTORES O KIKÍN FONSECA EN PORTUGAL

Jorge Ramos

Periodista, escritor y conductor que algunos comparan con un servidor, por su belleza y sesudo análisis. Cuenta la leyenda que una vez alguien lo vio directamente a los ojos y después de eso se los pegó con *kola loka* para no volver a ver nada y tener el recuerdo de él toda la vida.

Actualmente tiene programas en la televisión de Estados Unidos y de vez en cuando viaja a México para molestar a personas de la tercera edad que dan conferencias en la mañana.

Alondra de la Parra

Es una de las directoras de orquesta más populares del mundo. Además, en 2004 fundó la Orquesta Filarmónica de las Américas, que sería un trampolín para músicos, compositores e intérpretes menores de 35 años. Mi pregunta aquí es: ¿Para qué la Filarmónica quiere un trampolín?... ¿Tocan en un trampolín? ¡No mames! ¿¡¿Tocan en un trampolín?!?

Isaac Hernández

Este Adonis mexicano logró convertirse en el primer bailarín del Ballet Nacional de Holanda a sus escasos 25 años (si eres fan del ska, *primer bailarín* es que es el principal, no que él lo fundó). Ve sus videos y regresa conmigo.

...

¿Los viste? Ahora eres gay.

Rodolfo Neri Vela

Fue el primer astronauta mexicano en ir al espacio, en 1985. Y 30 años después sigue hablando de eso. (Bro, sólo viajaste en un cohete de la NASA hacia el espacio exterior y viste cosas que muy pocos humanos han visto en la historia, supéralo, güey.)

Donovan Carrillo

El más joven de la lista, con apenas 22 años (yo a esa edad estaba en mi cama viendo *Dragon Ball* y comiendo Rancheritos). (Ahora es lo mismo, sólo que sin Rancheritos porque me lele la pancha.)

Este patinador en hielo logró lo que nadie hubiera imaginado: que nos importaran los Juegos Olímpicos de Invierno.

Fue el campeón nacional 2020, calificó tres veces a la final en el Campeonato de Cuatro Continentes (porque en África no conocen el hielo, duh).

Otros... ¿mexicanos?

Existen muchos personajes que llevan tanto tiempo viviendo aquí que ya los consideramos "de casa".

Chavela Vargas dijo una vez: "Los mexicanos nacemos donde nos da la *rechingada* gana".

Yo digo que lo dijo para que no la devolviéramos a Costa Rica, lo siento, demasiado estamos haciendo al considerar a los de Colima como mexicanos, ¿no naciste en el país? Sorry, bro, suerte para la próxima reencarnación, porque la neta, sí está bien chingón ser mexicano... como Luis Miguel.

CALDO DE BIRRIA PARA EL ALMA

RELIGIÓN

El tema más difícil de explicar y a la vez el más sencillo: la religión. Sin afán de causar polémica (no es algo que me guste hacer, como bien se sabe), en México si en algo somos la contradicción andando es en el tema religioso.

No vamos a entrar mucho en detalles porque en realidad no hay tantos. En nuestro país casi todos somos fans de Yisus y de La Virgencita. Según el INEGI, en 2020 casi 98 millones de personas profesaban la religión católica, o como seguramente tu abuela la conoce: "La única religión verdadera porque Cristo dice en la Biblia que es la verdadera y la Biblia siempre dice la verdad porque Cristo lo dijo en la Biblia".

La neta es que todas las abuelas de todas las religiones dicen exactamente lo mismo, pero la estadística indica que hay 77% de probabilidad de que tu abuela sea católica y que le guste Chayanne (el padre de México).

¿Mexicanos?... No, señor: ¡Guadalupanos!

Una vez escuché a un compañero de trabajo decir: "Mi vecina está bien buena, con el favor de Dios, un día de estos me la voy a dar...", el caballero, por cierto, era casado.

Pero justo eso es México:

- El casado que reza para que la esposa no lo cache con la vecina.

- La tía que dice: "Ya se me hizo tarde para ir al pinche rosario".
- El asaltante persignándose antes de subirse a la combi a atracar.

Y esto nos lleva a un tema aún más sensible dentro de este guacamole con chapulines que es el imaginario religioso mexicano: la mera mera mamá de Yisus, la Virgencita de Guadalupe. Ahí sí, a ella ni me la toquen, ni se atrevan, si no quieren terminar con el hocico roto. Es como hablar mal de Caifanes frente a alguien de 40 años con acné.

El mexicano es guadalupano desde antes de nacer. El 12 de diciembre no sólo es su día: ese día hay fiesta nacional. Miren, con decirles que ese día no abren los bancos, LOS BANCOS. Jamás he visto un cajero dentro de la Basílica o un padre pidiendo el diezmo con terminal (no, arzobispo, no es buena idea), pero los bancos, aunque sean firmas españolas, nada más llegan a nuestro país y se vuelven muy guadalupanos.

La virgencita está en todos lados. Literal, en todos lados. Desde aquel lejano 12 de diciembre en que la mamá de Chuy tuvo a bien aparecerse en el mandil de Juan Diego, le ha dado por engalanar cuanta cosa se le pone enfrente. Que si ahora me aparezco en el metro. Que si en un árbol. Que si mejor en este tinaco. Ah, mira, una tortilla, uy, con salsita verde, permítanme.

Nuestra virgencita de Guadalupe es chida. Con sus apariciones no pasó de manchar, con pintura y pétalos de rosa, un ayate nuevecito recién salido de Telas Parisinatl. Muy al contrario de su comadre española, la virgen de Fátima, la cual, así casual como si nada, *les mostró el infierno* a unos pobres niños traumatizándolos para toda la vida.

—Oh, mira, la Virgen.

—¡VEAN EL INFIERNO, NIÑOS!

Pero no sólo de vírgenes vive México (excepto en la Plaza de la Tecnología). Nuestro abanico religioso es tan vasto como guisados en unos burritos de Ciudad Juárez. Cuando los españoles decidieron que era buena idea imponernos el cristianismo primero y sus bancos después, tuvieron que adaptar su religión a la de los locales. Los locales hicieron lo propio y por eso tenemos un santo para conseguir novio. Uno para alejar al novio. Uno para las cosechas. Otro para los choferes de microbús. Uno para los narcos. En fin. Hasta tenemos santos a los que hay que comprarles ropita y llevarlos de aquí para allá, como perrito de Paris Hilton.

Ya vimos que somos guadalupanos. Ya vimos que somos muy devotos. Sin embargo, también creemos en los horóscopos. También vamos a las pirámides a "cargarnos de energía". También compramos cuarzos y los "curamos" a la luz de la luna llena. También le colgamos un ojo de venado a un bebé en la muñeca para que no le vayan a "hacer ojo". En el sur, en lugar de tener un sistema de alarma monitoreado con la estación de policía más cercana, le construimos una casita en el jardín a un aluxe y le ponemos comida para que cuide la casa. En el norte ponemos herraduras en las puertas para que "no entren las brujas".

Ah, y también somos ateos (a menos que, de plano, la vecina sí esté muy buena y nos la queramos dar, con el favor de Dios).

¿Y ya?

NO. Después de los católicos siguen los protestantes y evangélicos con poco más de 11% de adeptos. Pero también existen los villamelones religiosos, esos que nada más se acuerdan de Diosito cuando amanecen crudos o cuando su esposa les revisa el celular.

A este porcentaje le podemos sumar los que de plano no creen ni en Gokú y se siguen negando a levantar las manos para hacer la genkidama cuando él amablemente se los pide. Malditos ateos.

Somos el segundo país con más católicos en el mundo, debajo de Brasil, lo cual tal vez explique por qué ellos sí tienen cinco copas de futbol y nosotros ni una. No obstante nuestro marcado catolicismo mexicano, les voy a contar un poco de las otras religiones que existen en esta zarza en llamas a la que llamamos país.

¿Protestantes o cristianos evangélicos?

Ok, antes que nada, ambas religiones son cristianas, como el catolicismo, sólo que en algún momento se enojaron y decidieron formar su propia banda. Hagan de cuenta que los católicos eran los Caifanes y los evangélicos son los Jaguares. Vienen de los mismos padres: Abraham y Jacob (Saúl Hernández y Alfonso André), pero con ciertas diferencias de credo gracias a las ideas separatistas de Martín Lutero (Marcovich).

Esta analogía es hermosa, date un momento para disfrutarla.

Judaísmo

Los primeros judíos llegaron a nuestro país en tiempos de la Conquista, hace más de 500 años y actualmente tienen puestos muy importantes en el gobierno. La mayor concentración de estos se encuentra en la Ciudad de México... en Polanco... dentro del Costco, esperando que te descuides para robarse a tus hijos para luego comérselos envueltos en pan pita (según tu abuela católica alemana).

Islam

De acuerdo con los datos más recientes, en nuestro país hay alrededor de 8 mil islamistas, la mayoría de ellos inmigrantes de Medio Oriente. Aunque existen en Chiapas los llamados chamulas musulmanes, sí, indígenas chamulas que practican la religión musulmana, todo por culpa de un español musulmán que llegó alrededor de 1994 y los convenció de adorar a Alá en lugar de a Manuel Velasco o lo que sea que adoraran antes los chamulas. Nuestro consejo es dejarlos tranquilos y no hacerles alguna broma sobre bombas yucatecas.

Budismo

Sí, también hay budistas en México, porque el comercio de inciensos, aromaterapias y perfumes de pachuli no se va a sostener únicamente con los fans del zacate de belcebú.

Y básicamente éste es el budismo en México. Ojo, si eres budista y te enojaste porque no hablé más sobre budismo, eres un muy mal budista. Namasté, carnal.

Cienciología

Los fans de esta religión que cree que su dios es un extraterrestre que puso bombas en el núcleo del mundo y pueden medir tu felicidad con una rasuradora también están presentes en México.

Sí, suena ridículo. Casi tanto como "nos expulsaron del paraíso porque una serpiente que habla me dijo 'eh, wey, a que no te comes esa manzana'".

Religiones indígenas

Salvo contadas excepciones, como los chamulas musulmanes, la mayoría de los pueblos indígenas en México practica la religión católica. Otra herencia de los españoles, como BBVA, Héroes del Silencio y el acento de Hugo Sánchez.

Cultos populares

Aquí entran tooodos los que no alcanzaron boleto en las rifas anteriores. ¿Que si usted es adorador del niño Fidencio? Está representado. ¿Que si le encantan los corridos tumbados y gritar "fierro, pariente" a la menor provocación? La iglesia de Jesús Malverde tiene un lugar para usted. Todos estos cultos se podrían considerar otra rama del catolicismo, pero ahora es como si los católicos fueran Natalia Lafourcade y los cultos populares todas las otras morras que tocan el ukelele.

No creen en nada ni en nadie

El 8.1% restante de plano no cree ni en la Lotería Nacional. Los ateos, como las telenovelas coreanas, cada vez son más populares. Esta tendencia, como las series coreanas, se está dando en todo el mundo. Y se estima que la cantidad de ateos continuará creciendo, como las *boybands* coreanas.

Cada vez hay más mexicanos que tienen fe en el ateísmo. Deberían hacer una iglesia.

¿DE VERDAD TE VAS A COMER "ESO"?

GASTRONOMÍA

Cuando hablamos de comida en México todos podemos estar de acuerdo en lo básico. Nos encanta la comida y nos encanta la comida que le encanta a todo el mundo que se pueda llamar más o menos civilizado.

Más allá de vegetarianos, veganos, *gluten free*, dietas paleo, keto, hipercalóricos, detox, proteicos e infinidad de etcéteras, más o menos todos comemos lo mismo: lo que venden en Walmart.

Sin embargo, como individuos, tenemos gustos específicos, peculiares, que vienen delimitados por nuestra realidad o contexto geográfico, ya sea ciudad, estado, y luego todos como país. Lo fascinante es que, lo que suena normal para ti quizá sea extrañísimo para alguien que viva en otra parte de México. En el norte pisamos chapulines, en el sur les ponen salsa; en el sur comen borrego, en el norte se los cogen. ¿Ves? México es un mosaico hermoso.

El tour gastronómico que va de lo sublime a lo vomitivo (o viceversa, todo se vale) está al alcance de todos. Dicho lo anterior, aquí van algunas cosas raras que comemos en México.

Armadillo

De botepronto, comer armadillo podría sonar no tan asqueroso (parece un pokemón con armadura de caballero del zodiaco... awwww 😊), o digamos... peculiar, como otros platillos de la gastronomía mexicana. La verdad es que tampoco es un animal que encuentres en el mercado o en el Walmart con la pechuga y los muslos de pollo. Su carne es oscura y, según los expertos culinarios, huele, y mucho (a armadillo, supongo), por eso suelen marinarlo en jugo de naranja agria, vinagre o vino. Por supuesto, siempre puedes evitarlo poniendo como excusa tu compromiso con el planeta, ya que algunas de sus subespecies están en peligro de extinción. Además, cuentan (o al menos eso aseguran) que su consumo está ligado a casos de lepra en humanos. ¡Lepra! ¡Una de esas enfermedades que inventaron en la Biblia! Es decir: Dios no está de acuerdo en que comamos armadillo. Y, sin embargo, en México se come, como las primas.

¿De dónde lo sacan?

Los armadillos son pequeños mamíferos acorazados primos de los osos hormigueros y de los perezosos. Y los lugares comunes donde viven son Centro y Sudamérica. Seguramente los puedes encontrar en caravanas migrantes tratando de pasar a Estados Unidos para encontrar una mejor vida.

¿En dónde se lo comen?

Chiapas, Campeche, Jalisco, Oaxaca, Tabasco y Yucatán. Evidentemente.

¿Cómo se lo comen?

En tacos, como casi todo en México, luego de guisarlo o hervirlo y deshebrarlo (calménonos un poco, amigos, verga), aunque también se hace al mojo de ajo, asado u horneado. Así que, ya sea en bolillo o en *tupper*, tu lonche siempre está... armadillo. 👍

Caldo de rata

Si vives en alguna ciudad te habrás topado ya con un buen número de ratas que se pasean por los centros y plazas, en los callejones y detrás de varios (demasiados) restaurantes. Pero, si vives en el campo, vienes del campo o acostumbras ir al campo, tu idea de las ratas será diferente, pues las ratas o ratones de campo no producen la misma sensación ni las mismas ñáñaras* que sus primas de las grandes ciudades.

A mí me vale madres, comer ratas DA ÑÁÑARAS A CUALQUIER NIVEL sin importar si son de ciudad, de provincia o de caricatura.

La rata de campo se cocina de varias maneras: asada o en guiso, por ejemplo, pero aquí quiero contarte del caldo de rata zacatecana, o "no, gracias, comí en mi casa".

Si todavía te quedan dudas, déjame decirte que su carne es más nutritiva que la de pollo o conejo. Lo que prueba que comer nutritivo es de la verga.

¿De dónde la sacan?

Como habrás adivinado: del monte, de zonas semide-sérticas o de alcantarillas donde entrenan tortugas para ser ninjas.

¿En dónde se la comen?

En Zacatecas (principalmente en la ciudad de Fresnillo y alrededores), aunque en varios lugares del país acostumbran preparar platillos con la rata de campo.

¿Cómo se la comen?

El caldo de rata tradicional lleva tomate, cebolla, ajo, zanahoria, calabaza, col, elote y chile. Por lo general se sirve el plato con las verduras y una rata entera en el plato, pelada y hervida en el mismo caldo. Para rematar, según recomiendan, le vienen bien unas gotas de limón. Si ves a alguien comerse un caldito, que no te extrañe ver cómo sacan a la rata y le clavan una mordida como si fuera un muslo de pollo. ¿Lo visualizas? ¡Provecho!

Cuetlas

Si no te hacen ruido los gusanos porque ya están muy platicados, ¿sabías que también existen como platillo los tacos de larvas de mariposa? Las cuetlas o chiancuetla o tepolchichic (tepolchichic pa'la banda, aaahtecreas) son un platillo de la mixteca poblana, muy popular en Cholula, que tiene sus orígenes en el México prehispánico. Y si sientes que es sólo un gusanillo ¡NI MADRES! Es un perro gusanote tamaño salchicha kosher que si te apendejas es capaz de hacer un taco de ti.

¿De dónde las sacan?

De los árboles de chía, pochote, jonote, tlahuilote y cuaulote (y ese cuaulote se merece todo).

¿En dónde se las comen?

En Puebla, Guerrero y Veracruz, sobre todo en temporada de lluvias.

¿Cómo se las comen?

Adivinaste: en tacos, con una salsa molcajeteada como a todo lo que le tienes que disfrazar el sabor para no recordarte que *estás tragándote un gusano del tamaño de un iPhone.*

Mapache

No vayas a pensar que promuevo la cultura de comernos animales en peligro de extinción, pero lo cierto es que, al igual que el armadillo, según la Procuraduría Federal de Protección al Ambiente (Profepa), este animalito también se encuentra en peligro de desaparecer, aunque sólo hablan de la especie encontrada en Cozumel y en las Islas Marías. No obstante, en algunas comunidades rurales es considerado una plaga, así que se lo comen sin remordimiento alguno. (Si de lo que se trata es de comernos plagas, estamos a dos tacos de comer conductores de podcast.)

No hace falta que te describa qué es un mapache porque de seguro te vino a la mente la imagen de Rocket, el personaje de los *Guardianes de la Galaxia*, pero en un platón, con una manzana en la boca y a Groot como guarnición.

¿De dónde lo sacan?

A este mamífero nocturno se le encuentra en casi todo el país. En los bosques, en los árboles, en los parques y en toda la galaxia, según Marvel.

¿En dónde se lo comen?

En Guerrero, Veracruz, Baja California y otros lugares donde no conocen el asfalto.

¿Cómo se lo comen?

Una de las formas típicas para comerlo es guisado en salsa verde con una ensalada de col, pero también en adobo con chile ancho, o bien, en horno de piedra, para desmenuzarlo como si fuera barbacoa. ¿Qué tal con unas tortillitas de maíz? ¡O mejor aún! Quitar el mapache y pedir KFC (esperando que no sea de rata de campo).

Pejelagarto

¡Mi favorito! Este dinosaurio miniatura es de las pocas especies que, como Maná, no han evolucionado en millones de años. Es una combinación monstruosa de lagarto y de pez. (Sí, se rompieron la cabeza con el nombre.) Son cinco variedades de este mutante, pero la que más se encuentra y consume es la *Atractosteus tropicus*. Puede medir de 60 centímetros hasta los tres metros de longitud y llegan a vivir hasta 12 años de campaña... o más.

¿De dónde lo sacan?

De las aguas dulces de los pantanos y lagunas de Tabasco. Y recientemente de Palacio Nacional.

¿En dónde se lo comen?

Ahorita en Nayarit, bro. 🔥

¿Cómo se lo comen?

Asado al estilo Tabasco es la forma más popular o también en tamales. Dicen que hay que salar bien la carne (si es que no viene ya súper salado).

Tacos de cochinada

En la Ciudad de México encontramos un montón de alimentos de dudosa procedencia, otros que combinan diferentes gastronomías y no entendemos por qué. También mercados en los que se ha vendido hasta carne de león. Sin embargo, una de las delicias para muchos es la de los tacos de cochinada, que no es otra cosa que el resto, las sobras de carne o animal tatemado que se van hasta abajo del comal enorme, olla o perol en las taquerías de la CDMX. ¿Se te antoja? Ah, la cochinada... *bocatto di cardinale*.

¿De dónde la sacan?

Para obtener la cochinada, el taquero, con una destreza artesanal, casi arqueológica, escarba los fragmentos de suadero, los remanentes de tripa, los sedimentos de bistec y saldos de cualquier otra carne, que para ese entonces ya han tomado un color negruzco, achicharrado. Y, con la delicadeza de un florista y la soltura de un orfebre, los deposita en una tortilla.

¿En dónde se la comen?

Hasta ahora, el lugar más popular es la Ciudad de México pero, aunque lo niegues, a todos los mexicanos nos gusta un poco la cochinada 😌.

¿Cómo se la comen?

En tacos, con salsa, cebolla, cilantro, y unas gotas de limón. Y un omeprazol.

Iguana

Las iguanas son las protagonistas de la Semana Santa en Oaxaca, pues es la única semana del año en que cocinan a este animal (y se lo comen) en esa parte del país, y aún lo hacen para recordar las tradiciones (sacrificios) de los pueblos originarios de la región. En Tehuantepec se la comen sólo los viernes de Cuaresma y deben matar a las iguanas exclusivamente en la iglesia (WTF!?), aunque no en todos lados se le rinde el mismo tributo a la cocina de la iguana. Algunas especies están en peligro de extinción y por eso su captura es un delito; de hecho, no te vas a encontrar la palabra *iguana* en ningún menú, sólo se le anuncia como "carne". (Como cuando ponen Gentlemen's Club para no decir "putero".)

¿De dónde la sacan?

Las iguanas viven en manglares, selvas, junto a ríos o en donde haya vegetación espesa. Pero como dije, su caza es ilegal y las maneras de encontrarlas siguen siendo misteriosas (como los Gentlemen's Club).

¿En dónde se la comen?

En Oaxaca, Colima, Morelos, Campeche, Tabasco y otros lugares donde no conocen el zapato cerrado.

¿Cómo se la comen?

En tacos, tamales, mole, a las brasas, almendrada, con nopales, capeada, al horno. En el famoso caldo morelense de iguana, con un toque de yerbabuena. Este platillo tiene más recetas que la señora del vlog *De mi rancho a tu cocina*.

Xamúes

Básicamente son chinches. Si te late la entomofagia (el consumo de insectos), aquí acabas de encontrar "tu mero mole". Las chinches que llevan el nombre científico de *Thasus Gigas* son unos animales de color negro, con líneas negras y naranjas que se comen cuando tienen entre tres y cuatro semanas de edad (deben mostrar su INE). Estos insectos son ricos en proteínas, fibra y grasas (aún así, no, muchas grasas). Según La Organización de las Naciones Unidas para la Alimentación y la Agricultura (FAO), los insectos son el alimento del futuro. Pinche futuro...

¿De dónde los sacan?

De los árboles de mezquite, o sea, los mezquitales, entre junio y agosto de cada año si son chinches adultas y entre mayo y septiembre si son las chinches más jóvenes. Y se pueden identificar porque las chinches adultas se quejan de que las chinches jóvenes hablan en lenguaje incluyente y no consiguen trabajo.

¿En dónde se los comen?

En el Valle del Mezquital (obvio), pero también se encuentran en otros lugares del centro del país, como

Querétaro, CDMX, Puebla, Jalisco, Aguascalientes, San Luis Potosí, Hidalgo y otros lugares a donde nadie ha dicho: "¡Vamos ahí de vacaciones!"

¿Cómo se los comen?

Aquí puedes variarle. Ásalos, haz un aguachile o guísalos para hacerte unos tacos. O bien, si te parece, méteselos a unas albóndigas o tlacoyos. ¿O qué te parece, mejor, NO COMER CHINCHES, MI REY?

Tacos de sesos

Estoy seguro de que si no te has comido un taco de sesos, al menos tienes a un tío que sí y que además le encantan y se la pasa mamando con que las vísceras son la parte más rica del animal y otros comentarios que evidencian que está recién divorciado.

¿De dónde los sacan?

De la cabeza (obvio) de tres animales, principalmente: res, borrego o cabrito, si eres del norte, y perro o gato si me lees desde la CDMX.

¿En dónde se los comen?

Aunque son parte de la gastronomía de otros países, puedes comerlos en diferentes versiones en varios puntos de México, así que ésta es, sin duda, una delicia nacional, como Maribel Guardia.

¿Cómo se los comen?

Con tortillas recién hechas o bien dorados, que podrían llamarse "quesadillas" según los chilangos (no entremos en el conflicto de la quesadilla así que llamémosles sesadillas).

Tacos de ojo

¡Basta, México!

EL MILAGRO DE BELLAS ARTES

ENTRETENIMIENTO

El mexicano siempre ha buscado diferentes maneras de evadir su realidad, y no lo culpo. Es más, uno se pregunta ¿cómo va la gente a Ecatepec* sin tomarse un clonazepam?

Mientras el mundo estaba usando su imaginación para crear obras literarias o hacer inventos que ayudaran a la humanidad, el mexicano decidió esperar a que otros lo hicieran y luego chingarse su trabajo, pero en versiones mucho más tercermundistas.

Es más, el único invento que supuestamente le hemos dado al mundo es el exprimidor de limones y nunca se ha podido comprobar su origen, estoy seguro de que uno de nuestros antepasados que cruzó a Estados Unidos se robó la idea del exprimidor de naranjas y cuando lo quiso hacer sólo cabía un limón y dijo "pues ni pedo, exprimidor de limones".

Y no empiecen con que la televisión a color la inventó un mexicano, en serio.

Y hablando de inventos culeros, nuestra racita ha buscado diferentes maneras de ser feliz, incluso desde niños, miren nada más nuestros juguetes.

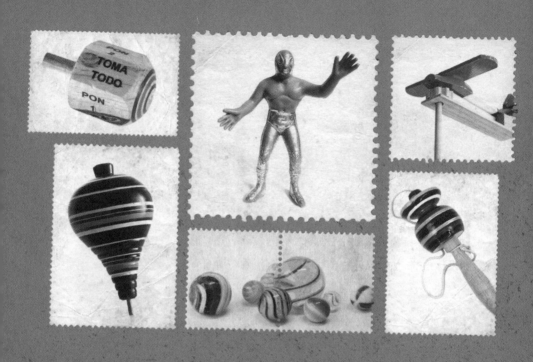

Exacto, todos estaban más aburridos y sin chiste que un podcast políticamente correcto.

Gracias, Dios, por crear el Nintendo.

Ya de adultos y con el paso del tiempo, buscamos entretenernos en lugares más refinados, como el teatro, donde construimos verdaderos palacios arquitectónicos.

Bellas Artes, CDMX

Ahh, te mamaste.

Teatro Juárez, Guanajuato

Wow, ¡qué palacio!

Teatro Degollado, Guadalajara

Perfección.

Auditorio de las 3 culturas, CDMX

No te mames. Eso no alcanza ni para una cultura.

Teatro

En estos recintos se han presentado zarzuelas, óperas, musicales y obras de teatro importantes, como:

1532
Diálogos entre la Virgen María y San Gabriel

La primera obra hecha para explicarles a los indígenas que podían cambiar sus 50 dioses por uno solo y 900 mil santos.

1844
Don Juan Tenorio

Dos vatos apuestan en rimas para ver quién es más *fuckboy*. Es como una batalla de rap, pero con pantalones pegados y gorros feos. O sea, como una batalla de rap.

1907
La gatita blanca

María Conesa bailaba en esta zarzuela donde incluso mostraba los tobillos, ¡gulp!, y los hombros. ¡QUÉ ES-CÁNDALO! YA NO HAY PUDOR.

1984
Timbiriche en Vaselina

¡El clásico musical *Grease*, pero interpretado por el grupo de niños del momento! Seguro crecieron muy sanos y sin traumas.

1989
Qué plantón
Un musical sobre unas plantas que están protestando ¿ven por qué nadie nos quiere?

1992 - 1999
El tenorio cómico
Paco Stanley, conductor de televisión, nos presenta una versión modificada de *Don Juan Tenorio* con un tono picosito que a cualquiera le hubiera volado la cabeza. (¿Entendieron? ¿Volar la cabeza? Ah, sí, todavía no han leído sobre Paco Stanley.)

1996
Los monólogos de la vagina
Diferentes mujeres suben al escenario y platican sus experiencias sexuales y descubrimiento femenino.
Hablan por la boca, publicidad engañosa.

2000
A oscuras me da risa
Miren, no les voy a mentir, no la vi, y con ese título menos, es más, creo que ni es de ese año.

2005 - Actualidad
Los Mascabrothers presentan:
El Tenorio Cómico
Ah, sí, esa obra del Tenorio... otra vez... todos los años... próximamente un servidor en escena en el Teatro Ferrocarrilero del IMSS, 2x1 en Ticketmaster.

2020
Agotados
Considerada por los críticos como la obra más importante del siglo; la cadencia y el ritmo de este monólogo serán estudiados por generaciones, sin duda el Magnus Opus del histriónico Chumel Torres cariñosamente apodado "el Joven Teatro".

Televisión

Televisa: el PRI del entretenimiento

Pero el entretenimiento de los mexicanos cambió con la llegada del televisor, el cual fue gobernado por una misma empresa: Televisa.

Para explicar ese conciliábulo de Luzbel también conocido como "Telepiseee" tengo que persignarme primero. *Dominus vobiscum*.

Televisa es una televisora-casa de citas que salió del infierno para controlar nuestras mentes y mover a las masas con hilos invisibles controlados por satánicas majestades.

Por culpa de este lupanar, los mexicanos fuimos engañados por años, pues nos decían que el gobierno era bueno, nos indicaban por quién votar y, lo peor de todo, nos hicieron creer que Garibaldi cantaba sus canciones.

Aunque también nos dio cosas como Fernando Colunga, quien hizo que dudara de mi sexualidad; pero luego pasaban *La hora pico* y ya me gustaban las mujeres otra vez.

¡Ah, sí!, y también nos dio el mejor especial de todos los tiempos: La boda de Lucerito y Mijares, el *Avengers Endgame* mexicano.

Pero si preguntan, yo sólo dije cosas malas en mi libro para parecer culto y hacer como si no hubiera sido hiperfan de *Esmeralda*, *Amor real* y *A mil por hora*. Entonces, para fines prácticos recuerden: Televisa te idiotiza.

Con el tiempo llegó la competencia llamada TV Azteca y otras televisoras que nos hacen ver como Cuba en los setenta, o sea, Cuba actualmente.

Los programas más representativos de la televisión mexicana son:

Sube, Pelayo, sube
Desde los inicios de la televisión nos demostraron que sólo se necesitan dos ingredientes para el éxito: un palo encebado y una persona con problemas económicos.

Ensalada de locos
¿Qué pasa si mezclas cocaína, humor simplón y señores con peluca? Exacto: Richie O'Farrill, pero también *Ensalada de locos*.

El Chavo del 8
Una vecindad decide no llamar al DIF y conserva a un menor de edad viviendo en condiciones precarias.

Los Polivoces
Dos amigos hacen imitaciones de absolutamente todos los famosos y nadie tuvo las agallas para decirles que no se parecían. Se decían *Polivoces* a pesar de siem-

pre hacer la misma voz. Actualmente los conocemos como Paco de Miguel.

Topo Gigio
Un señor argentino gay vive con un ratón italiano gay y todas las noches cantan hasta que el ratón se duerme. Cero *creepy*.

En familia con Chabelo
Un hombre vende su alma al diablo y decide ser un niño por 70 años, hace concursos donde la gente nunca pierde por más estúpida que pueda ser.

Al derecho y al Derbez
Programa de *sketches* donde el jardinero de Adam Sandler interpretaba varios personajes con evidentes problemas mentales. Un héroe de la inclusión.

Cándido Pérez
Un señor con bigote dice ser doctor para hacer comentarios misóginos por media hora.

Cero en conducta
El mismo señor con bigote hace comentarios misóginos por media hora, pero ahora está disfrazado de niño.

Humor es: Los Comediantes
El mismo señor con bigote ahora invita a sus amigos a hacer comentarios misóginos por media hora.

Ventaneando

Una señora decide grabar con otras señoras en una casa de Las Lomas y cuentan chismes sobre famosos. Nunca les pidan anuncios de mayonesa.

Otro rollo

El primer *late night* que funcionó en México. Todo iba bien hasta que un día el conductor voló demasiado alto y creyó que podría vendernos su juego de mesa: Adal Ramones en Inguesulandia, por lo que tuvo que huir del país para luego regresar con cabello.

Big Brother México

Lo mismo que en todos los *Big Brothers* del mundo, nos dio importantes luminarias como el Pato, la Chiva y la Mapacha. Naquísimo todo.

La Rosa de Guadalupe

Un programa donde se habla de problemas sociales en el país solucionados con un *Deus ex machina* (término cultísimo).

Telenovelas

Si de algo podemos decir que debemos estar orgullosos es de las telenovelas.

¿Orgullosos? Sí, amigo. A ver, intenta darle al mundo la misma perra historia una y otra vez sólo cambiando un elemento por AÑOS y que lo sigan consumiendo.

Porque sí, las telenovelas tienen la misma historia desde hace casi 100 años. Y SIGUEN FUNCIONANDO.

Veamos algunos ejemplos:

Gutierritos

Fue la segunda telenovela en la historia, versaba sobre un hombre a quien tratan mal en su trabajo y las mujeres se aprovechan de él. La historia de todos nosotros, hermano.

Los ricos también lloran

Considerada la mejor telenovela de todos los tiempos. Alguien pobre se enamora de alguien rico. ¿Te acuerdas de que dijimos que había una fórmula que nunca fallaba? Ésta es: la aplicamos en *Rosa Salvaje*, *Esmeralda* (la misma fórmula, pero con una ciega), *Rubí* (lo mismo, pero con la guapota de Bárbara Mori), *María Mercedes*, *María la del Barrio*, *Marimar* (la misma fórmula, pero con Thalía), *Amarte duele* (la misma cosa, pero en película y con Martha Higareda sacándose una tepalcuana), *Lo que la vida me robó* (la misma, pero con el guapote de Sebastián Rulli), *Destilando amor* (la misma, pero con pisto) y *El pecado de Oyuki* (lo mismo, pero otaku*).

Cuna de lobos

Una mujer con una misión: si pierdo un ojo, pierde mi familia. (*Fun fact*: ¡siempre tuvo los dos ojos, mamón!)

Corazón salvaje

Pirata sexy se enamora de doncella. (*Fun fact*: Juan del Diablo es en quien estaba pensando tu mamá cuando concibió a tu hermano... o a ti.)

María Mercedes / Marimar / María la del Barrio

Thalía, la Meryl Streep mexicana, reinventa la clásica fórmula interpretando a una mujer pobre que se enamora de un rico... pero en La Merced, en el basurero y en Mazatlán.

Mirada de mujer

Esta vez, una mujer madura se enamora de un joven hombre lobo. Ésta hasta tu papá la vio.

Trik Trak

Trata de un perro que rapea como Caló (y al igual que Caló era interpretado por Claudio Yarto), nos acercamos mucho al sol... Nos acercamos mucho.

Rubí

Una mujer pobre intenta salir de su estrato social cueste lo que cueste en una época donde no había OnlyFans.

Rebelde

Ésta es una segunda fórmula que no falla: un grupo de whitexicans treintañeros que interpretan a adolescentes tiene que lidiar con el único pobre que Conacyt ensartó en la escuela. La aplicamos en *Clase 406*, *Clap*, *Alcanzar una estrella*, *Alcanzar una estrella 2*, *Muchachitas*, *Soñadoras*, *Amigas y rivales*, *Atrévete a soñar* y *Carrusel* (lo mismo, pero con niños).

La fea más bella

La tercera fórmula: amiga, no eres fea, sólo tienes lentes.

Menciones especiales

Vivir un poco: señora es encarcelada 20 años por un crimen que no cometió y sale nada resentida.

El camino secreto: viejo rico y mamón deja herencia escondida. (*Spoiler*: existe un camino secreto.)

De frente al sol: señora es encarcelada por 20 años por un crimen que no cometió y sale para darse cuenta de que la señora de la limpieza era su mamá.

Amor en silencio: rubia tonta se enamora de mudo guapo.

Monte Calvario: la misma rubia tonta es golpeada sin miramientos por viejo feo lisiado.

Cómplices al rescate: Belinda viaja en el tiempo hasta convertirse en Daniela Luján.

La pícara soñadora: mujer en situación de calle vive en tienda departamental y sueña pícaramente.

Chispita: Lucero fue niña. (*Spoiler*: ya era inmamable desde entonces.)

Dos mujeres, un camino: trailero pocho lleva a la pantalla chica la realidad mexicana: tu papá tiene dos familias.

Nada personal: los policías también lloran.

Lazos de amor: Lucerito hace un "Los tres García" y es inmamable al cubo.

El maleficio: señor LGBT invoca al diablo.

El extraño retorno de Diana Salazar: señora LGBT reencarna.

Quinceañera: bella adolescente busca su lugar en el mundo para lograr su sueño de ser amante de Carlos Salinas de Gortari.

La usurpadora: *Juego de gemelas* para adultos.

Soy tu dueña: Lucero sigue siendo inmamable.

Luz Clarita: Belinda falsa busca a su mamá.

Cañaveral de pasiones: la —*soon to be*— primera dama se avienta un *threesome* en horario estelar.

La dueña: la —*soon to be*— primera dama se queda con el cubano del *threesome*.

Bodas de odio: o como lo conoce tu papá: *Bodas*...

Amor real: la epopeya nacional por excelencia. El *Troya* mexicano. El *Ciudadano Kane* de la pantalla chica. Jóvenes soldados enfrentan los horrores de la guerra al tiempo que luchan por el amor de una mujer que —prisionera en una cárcel de sentimientos— no se decide entre seguir a su corazón u obedecer a sus instintos.

La vida en el espejo: nadie la vio.

Música

México tiene la música por dentro. Aún antes de llamarse México. Desde los ayoyotes y los teponaztlis del México prehispánico, hasta los sombreros charros, pasando por danzones, mambos, chachachás, rocanroles y culminando en los tatuajes faciales de Christian Nodal del México moderno.

Pero llegar hasta acá no fue fácil. Hubo grandes glorias y grandes fracasos (todos grabados como tatuajes en las pieles de la historia porque a los mexicanos nada se nos olvida... ¡NADA!).

Del esplendor de la música en la radio ya hablaremos en otro momento. Y del auge del disco de acetato basta con preguntarle a cualquiera de tus amigos hipsters mamadores: "No, maestro. Nada se escucha mejor que los viniles. Mira esta rolísima. Nada se compara con el siseo de la aguja acariciando suavemente los zurcos del acetato" *se tarda 15 minutos en cambiar el disco*.

Para entender a México y su música, sólo es necesario tomar en cuenta dos cosas:

1. Siempre en Domingo

Tal vez ahorita con YouTube y TikTok es impensable imaginar que existía un programa televisivo semanal llamado *Siempre en Domingo* (que como su nombre nos indica, se transmitía los domingos. Siempre). Programa que con una duración de casi cuatro horas (¡no mames!)

nos presentaba semanalmente el quién es quién en la música en español.

Raúl Velasco (productor y conductor) era una especie de juez y verdugo. Lo que presentaba se hacía éxito. Lo que no... pues no. Y entonces México, durante 30 años (1969-1998), tuvo los gustos musicales de Raúl Velasco. Para bien y para mal, todos éramos Raúl Velasco.

Siempre en Domingo hizo y deshizo carreras, por ejemplo, llamó *prodigio* a Luis Miguel y *corrientota* a Thalía... en el mismo programa. Ahí vimos por primera vez en México a Chayanne, a Flans, a Timbiriche.

Vimos a los Bukis llegar en huaraches y a Caifanes hacer *playback*. A Maná tocar su primera rola y su última (que era exactamente igual).

Vimos graznar de dolor a Ana Gabriel y debutar a Gloria Trevi, poniendo nervioso a Raúl Velasco (para luego poner nerviosa a toda su red de trata).

Ahí se inventó la homosexualidad en México cuando presentó a Locomía. E inventó mi homosexualidad cuando presentó a Enrique Iglesias.

Incluso ahora mismo no sabemos si agradecerle o reprocharle haber visto todo esto. Pero sin duda nos marcó musicalmente, como "Caballo dorado" en las bodas.

2. El Milagro de Bellas Artes

En la música mexicana sólo existe una línea de tiempo. Un antes y un después de un hito que se define en dos palabras: Juanga Briel.

A partir de los años cuarenta la música de México sólo era el "Huapango de Moncayo" y cualquiera de sus variaciones, es decir, todo lo que cantaran Jorge Negrete y Pedro Infante (que puede no gustarte, pero era lo que se oía de fondo cuando inseminaron a tu abuela) y así fue durante medio siglo.

Pero como Moisés dividiendo las aguas del Lago de Chapala, tres reyes magos siguieron una estrella, hasta llegar a un pesebre llamado "el Noa Noa".

Donde nacería algo hermoso.

Algo divino.

Lleno de felicidad:

Juan Gabriel.

Su carrera empezó en los setenta, pero no fue sino hasta mayo del glorioso año de 1990 cuando la música mexicana alcanzó la madurez suficiente, la sublime perfección, el toque divino con una presentación en directo de *El* cantautor: Juan Gabriel en vivo desde Bellas Artes.

Afortunadamente la tecnología ya estaba al servicio de la humanidad, por lo que el milagro quedó plasmado de manera tangible, por lo tanto... eterna. Como sucedió con el manto de Turín, el ayate de Juan Diego o la Virgen de humedad del metro Hidalgo (virgen real).

Es impensable una fiesta, convivio o reunión sin el *Juan Gabriel en Bellas Artes*. No se puede concebir una noche de tristeza y copas sin el *Juan Gabriel en Bellas Artes*. No se puede imaginar la vida misma sin el *Juan Gabriel en Bellas Artes*.

En sus líricas y notas SIEMPRE encontrarás la respuesta. ¿No me crees? Inténtalo. Siempre que tengas una duda, incertidumbre o dilema, escoge al azar una canción, una estrofa o una frase del disco y créeme, ¡oh, hermano!, que encontrarás la respuesta.

¿Cambiaste de talla y ya no sabes qué hacer con tantos pantalones?

Que ha llegado la hora
de decirnos adiós.

Te deseo buena suerte
hasta nunca, mi buen amor.

¿Ya no quieres depender tanto de la tecnología porque usas Google hasta para encontrar una dirección?
Tú me sabes bien cuidar.
Tú me sabes bien guiar.
Todo lo haces muy bien tú.
Ser muy buena es tu virtud.

Incluso si no tienes una duda específica y sólo necesitas unas palabras para sanar tu alma.
Ay, debo hacerlo todo
pero con amor.
Ay, ay, gracias por los Kleenex.

Miguel Ángel nos dio la Capilla Sixtina, Da Vinci la *Mona Lisa*, Steve Jobs el iPhone y Juan Gabriel nos dio el *Juan Gabriel en Bellas Artes*.

CINE
(perdón, hermanos Lumière)

El cine en nuestro país es como tener sexo conmigo. No siempre es bueno, pocas veces es memorable, la limpieza es cuestionable y siempre te queda la duda: "¿Qué hace Tony Dalton aquí?".

Y como experto en cine (yo le digo *Cinemá*) aquí les dejo el sesudo análisis deconstruido de las 10 películas más taquilleras de la historia reciente de México (yo le digo *Mexique*).

10. *Cásese quien pueda*
(Maritée possibilité) (2014)

Recaudó 168 millones de pesos, prácticamente todo el presupuesto para cine de ese año. Y aquí empezamos con el primer cateto del Isósceles mexicano: "La Constante Higareda". Quien escribió y protagonizó esta cinta, la cual narra las aventuras de las hermanas Martha y Daniela (sí, Higaredas también), las cuales... miren... no les voy a mentir, no la vi. Seguro al final aprenden muchas cosas y se casan... con quien pueden.

9. *La dictadura perfecta*
(Le parfait dictateur) (2014)

A esta película de Luis Estrada le fue mejor que a la anterior, pero porque el sexenio de Enrique Peña Nieto prácticamente le regaló el guion, ¡otro legado peñanietista! Todos sufrimos ese sexenio, y como si no hubiera sido lo suficientemente horrible, Luis Estrada lo reimaginó con la carota de Sergio Mayer.

8. *Ya veremos*
(L'amour: vérité incommensurable et nostalgique tremende) (2018)

Pues, tal vez, en algún momento, la veremos.

7. *Hazlo como hombre*
(Loçomía) (2017)

Tres muy mejores amigos son muy machos, hasta que uno de ellos resulta ser muy gay. Se podría llamar *Cliché, la película*, pero hasta eso no son tan descarados. Al final todo se arregla, los amigos siguen siendo amigos y el gay sigue siendo gay. Salen muchos actores de comerciales de Clorets y se abre una nueva línea temporal en el cine mexicano: Les Derbez.

6. *No manches, Frida*
(Sacrebleu, Fridé!) (2016)

Aquí se mezcla "La Constante Higareda" con "La variante Chaparro". Es un refrito alemán (no voy a hacer un chiste sobre el holocausto, no jodan). Le fue tan bien en taquilla que tuvo secuela.

5. *Mirreyes vs. Godínez*
(Asterix vs. Obelix) (2019)

Si pagaron por ver una película que se llama *Mirreyes vs. Godínez* no se preocupen, no están solos, pero también es un mucho su culpa, acéptenlo y sigan adelante con su vida. Aquí cierra la hipotenusa del cine con "La cepa Regina Blandón".

4. ¿Qué culpa tiene el niño? (L'enfant terrible) (2016)

Gracias a que el aborto aún no es legal en provincia, un niño tiene un futuro prometedor con un padre humilde y una madre exitosa. También pudo llamarse *Luis Miguel: Origins*.

3. No manches Frida 2 (Prohibité mancheaux, Fridé: deux) (2019)

Sí, la película original tuvo una secuela y por supuesto que les íbamos a copiar el guion. Espérense... en Alemania al parecer llegaron hasta la 4. Dios mío, ¿qué tan sucia puede estar Frida? Póngale teflón o algo.

2. Nosotros los nobles (Nous les fifís) (2013)

Ustedes los originales. Otro *remake*, pero ahora de una película de la época de oro del cine mexicano. La verdad es que la adaptación es bastante decente. Ricos que de pronto se quedan pobres y tienen que sufrir como 99% de los mexicanos. Hasta que descubren que siempre fueron ricos y el papá sólo les quería dar una lección. Pudo llamarse *Samuel García: aventuras en el golf*.

1. *No se aceptan devoluciones* (L'enfant morte et le finale) (2013)

Al parecer tampoco se aceptaban guiones originales. Adaptación muy libre de *Kramer vs Kramer* pero con chistor. Salen el burro de *Shrek* y la morra de *Sentidos Opuestos*. La película mexicana más taquillera de toda la historia. "Mexicana" es un decir, porque, como Salma Hayek: es mexa, pero todo lo que trae encima es extranjero.

INSTAGRAM

TWITTER

FACEBOOK

TIKTOK

YOUTUBE

LA SUPERCARRETERA DE LA INFORMACIÓN

Tal vez algunos de ustedes no conciben el mundo antes del internet, si ése es tu caso, tú qué vas a saber de internet, chamaco pendejo.

Así es, el internet es como Roger González, parece que no, pero ya tiene sus añitos. Pasamos de ser un lugar donde mentíamos sobre nuestra edad para entrar a páginas porno, a mentir sobre nuestra edad para que ya nos toque la pinche vacuna.

Seguramente has escuchado que antes del internet eran tiempos mejores, que antes convivíamos más porque no andábamos pegados al celular, que antes conocíamos a la gente en fiestas y no en apps, que usábamos más la memoria para aprendernos más cosas.

Cualquiera que diga eso: ¡miente, no eran tiempos mejores!

Antes no nos quedaba de otra más que convivir frente a frente con gente que contaba una y otra vez la misma anécdota (ahora por gusto escuchamos las mismas historias pero en los mismos siete podcasts de standuperos* y las 20 versiones de Leyendas Legendarias).

Antes ligabas con la que vivía en tu colonia (o en una reunión familiar, si eres de Monterrey). Ahora ligas con ubicación geográfica en Tinder (o en el chat familiar, si eres de Monterrey).

Ahora los homosexuales se emparejan a través de Grindr, antes tenían que entrar a Televisa o buscar una gerencia en Zara.

Sin embargo, no hay nada como enajenarte horas viendo gente atractiva en Instagram, insultar a @ChumelTorres en Twitter y saber cuál de tus amigos es antivacunas en Facebook.

El internet es igual aquí y en China.

De hecho, es un mal ejemplo, en China están prohibidas casi todas las páginas chidas.

Pero fuera de China todos tenemos acceso a las mismas apps y páginas; sin embargo, el mexicano ha tenido una historia rara apropiándose de toda red social y marcando su territorio.

A continuación un poco de historia del internet y el mexicano, la cual dividiremos en dos partes: Antes del Rincón del Vago (ADRV) y Después del Rincón del Vago (DDRV).

ADRV
(Antes del Rincón del Vago)

MIRC

El Adán de las redes sociales, una plataforma donde entrabas a canales a chatear con gente desconocida, sin avatares, sin seguidores, simplemente gente en una comunidad que intentaba demostrar quién tiene el pene más grande en tiempo real.

La mayoría usaba MIRC en cibercafés (dato: en ningún cibercafé vendían café, era más onda Chiva Cola). Pero si vamos a hablar de chats, no podemos dejar atrás al...

Messenger

Hubo un tiempo donde en internet todos teníamos las mismas cosas: virus en la compu por bajar el video de Pamela Anderson, el video de Pamela Anderson y una cuenta de Hotmail. Y con esa cuenta tenías acceso a este programa con el que podías platicar con tus contactos y —por primera vez— elegir una foto de perfil, la cual podía ser:

- El logo de Ferrari (si eras hetero y en la peda le pegabas a la pared).
- El logo de los Pumas (si eras hetero, burro y desempleado).
- El logo de Tommy Hilfiger (si eras hetero, desempleado y estabas mintiendo en lo de "hetero").
- A Spawn (si eras virgen).
- A The Crow (si eras gordo, pelón, mamón y metalero).
- El logo de los Héroes del Silencio (si eras taquero).
- Un campo de rosas (si eras una mamá).
- El logo de tu empresa en resolución de tres pixeles (si eras un papá).
- A Hello Kitty (las que ponían esa foto de perfil se casaron con el del logo de Ferrari).
- A Badtz-Maru (actuales señoras de los gatos).
- Una mariposa con *glitter* (la batiseñal de los *daddy issues*).
- Una foto de Angelina Jolie (esta persona sólo quería putiar).
- El dinosaurio de *Rugrats* (ese güey hoy es secuestrador).
- Una pieza de ajedrez (el güey más cagante de la red).
- A Jesús (si eras mi agüelita 🥺).

- Una imagen de *Daria* o *Beavis & Butthead* (actualmente son factureros).
- Homero en *The Sopranos*/ Bart en *Naranja Mecánica* (este güey votó por AMLO 1000%).

Podías usar "nicknames" para que la gente supiera que habías entrado en sesión, nombres como:

-,.-~*'¨¯¨'*.~-.[ChUm3liTo PaNdX] I LoVe Walking In The Rain Because No One Knows I am Crying •·.´¯`·.·•

Te daba la opción de enviar "zumbidos" que son exactamente a lo que suena: a la mayor violación a la privacidad de todos los tiempos.

En su última versión, te permitía poner visible qué música estabas escuchando mientras tenías la sesión abierta, lo que dio origen al famosísimo "Artist Unknown - Track 01.mp3 [descarga gratis fondos de pantalla en moxito5.com.mx]".

Hi5 / Metroflog

Les iba a platicar del Myspace, un proto-Facebook, pero mejor les cuento de estas redes sociales parecidas que los mexicanos nos apropiamos y acabamos dejando como baño de la Preparatoria Popular "Mártires de Tlatelolco".

En Hi5 podías subir muy pocas fotos y podías agregar a muy pocos amigos (o al menos eso me decían porque nadie me agregaba), pero podías personalizar tu página con skins y también tus amigos pasaban a "firmar" tu perfil.

Mientras tanto, Metroflog era el terror de cualquier persona con sentido del gusto y, por supuesto, los emos se apropiaron de la página.

Aquí no firmabas, aquí "rayabas tu muro" y se usaba una escritura tan horrible que sin importar qué frase escribieras, parecía que la había escrito alguien durante una embolia.

"** eEñTreE lOozh iiñdiiviiduOozh cOomOo eEntrEñ lAzh ñAciiOoñeEzh, eEl reEzhpeETOo Al deEreEcHOo AjeE-ñOo eEzh lA pAzh -- <3"

Napster / Kazaa / Ares / LimeWire / Audiogalxy / eMule / Soulseek

Antes de que el mamila del baterista de Metallica fuera la tía que te apaga el estéreo a media fiesta, en la antigüedad existían programas en los que podíamos bajar música gratis y de manera ilegal (como todo lo bueno en la vida).

El procedimiento era el siguiente:

1. Buscabas la canción.
2. Encontrabas varias versiones:
   - "Oops, I did it again" - Britney Spears.mp3
   - "My loneliness is killing me" - Britney.mp3
   - "Oops I did it again - sinfónico".wav
   - "Britney & Fey - En vivo en Mexico"
   - "Britney Spears Madoona lesvian kissing tongue MTV"

3. Rogabas a Dios por que la versión no trajera un virus.
4. Sí traía un virus.
5. Corrías Norton Antivirus.
6. Volvías al paso 1.
7. Dejabas la canción descargando toda la noche.
8. Rezabas porque tu abuelita no tuviera una emergencia médica esa noche porque la línea telefónica estaba ocupada descargando "Oops, I did it again" - Britney Spears.mp3.
9. La abuela sí tuvo una emergencia médica, weeey x_x.
10. Disfrutabas "Oops, I did it again" en el funeral de tu abuelita. Su sacrificio no fue en vano.

Año cero del internet en México

Rincón del Vago

Si bien la página nació en 1998 en España, no fue sino hasta mediados de la primera década de este siglo que tuvo un fuerte auge, ayudando a una generación a pasar materias.

El Rincón funcionaba como un archivo de tareas donde todos se pasaban los apuntes, ¡adiós, favores sexuales a cambio de la tarea! Hola, versión zacatecana del mismo proyecto que necesitas.

El truco era cambiar el primer y el último párrafo para que los maestros no detectaran que habías hecho trampa y así tenías más tiempo libre para hacer lo que realmente te importaba: bajar porno.

Porno

El Alfa y el Omega. Origen y final. Yin y Yang de la existencia del internet.

El verdadero motivo por el cual la ciencia destinó incalculables recursos para hacer las velocidades del internet cada vez más rápidas. Sólo alguien que haya sufrido dos horas y media para ver medio hombro de Carmen Elektra sabe apreciar genuinamente la fibra óptica.

Los albores del porno en internet entrenaron nuestra paciencia, nos hicieron expertos en reconocimiento facial, agudizaron nuestro sentido de la colorimetría boca-pezón para comprobar la autenticidad de una imagen (no, esa imagen de La Niñera no es real, lo siento). Elevaron nuestra capacidad de contener un orgasmo, aprendimos a sacar *screenshots* mentales para ver una foto y correr al baño o, en su defecto, perfeccionamos el arte del onanismo sin manos. *The ghost jacket*.

Pero sin duda, lo más sofisticado que nos enseñó fue el delicado arte de crear carpetas para esconder todo este material en la computadora familiar.

Pro tip: crear las carpetas Installation Windows > Printer > Drivers > Manuales de uso > Date con todo mi rey (55 Gb).

DDRV
(Después del Rincón del Vago)

Yahoo! respuestas

Este sitio, como dice su nombre, era un lugar lleno de preguntas cotidianas donde la gente iba poniendo las respuestas.

Pero, ¡hey! Nadie dijo que había que poner las respuestas correctas.

Por ejemplo, esta persona preguntó algo legítimo:

Y obtuvo lo que merecía por preguntar en Yahoo! Respuestas:

La página cerró en 2021, les pediría un minuto de silencio... pero como es un libro, vayan a tomar agua y ya con eso.

Facebook

Si bien la gente joven ya casi no entra gracias a que actualmente es un espacio donde tu mamá sube sus fotos de Piolín y tu papá pega frases que Einstein o Ghandi nunca dijeron (papá, además el de la foto es Dhalsim), en su momento fue un gran hit hasta que descubriste que en Twitter podías insultar a Faitelson y en Instagram podías putiar.

Actualmente sólo nos sirve como calendario para saber quién cumple años y quién es antivacunas en tu familia.

Facebook Messenger

Es exactamente eso, el chat de Facebook.

La mayoría de la gente joven no lo tiene instalado, recomiendo hacerlo para revisar todas esas cadenas que envía tu tía y los mensajes que dejan los señores cuando se sientan sobre su celular.

Facebook Marketplace

Sí, OTRO Facebook, exclusivamente para ventas o intercambios. De cualquier manera, serás estafado.

Curiosamente la gente grande no confía en dar sus datos bancarios a Amazon pero sí confía en pagar $1500 por un nuevo iPhone en esta plataforma.

¡Venga por el colchón "como nuevo" con una dudosa mancha de sangre y quédese con el cheto que tiene un bracito para abrazar a otro cheto!

Cheeto Con Brazo Para Abrazar Otro Cheeto

MXN200 • Cuautla, MOR

Buen estado

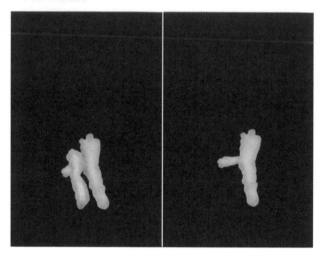

Twitter

Gente feliz que finge estar enojada.

¿No tienes idea de qué sucede, pero aun así quieres dar tu opinión? Twitter es para ti, créeme, hice una carrera de eso.

Si Facebook es la red social para los papás, Twitter es donde todo lo que digas será usado en tu contra. Estos mundos jamás se tocan.

Es la contradicción hecha red: gente quejándose del capitalismo desde un Starbucks, foráneos molestos por la gentrificación de la Roma-Condesa, comediantes opinando de política y políticos que parecen chiste. Es un hermoso vomitorio.

Instagram

Gente triste que finge ser feliz.

Es el Twitter de la gente guapa y que no sabe hilar ideas, como la gente guapa.

Originalmente se usaba para subir fotos de comida, cafés y cielos; luego mutó a fotos de morras en tanga diciendo "los abuelos deberían ser eternos". Actualmente se usa para memes y ver lo mejor de TikTok.

TikTok

Voy a ser brutalmente honesto, lo intenté. Pero les aconsejo que no batallen y mejor vean lo mejor de TikTok en Instagram. Si tienen más de 30, por favor no intenten ninguno de los trends, por respeto a ustedes mismos.

WhatsApp

El programa de mensajería más utilizado en el mundo.

Si en Instagram es donde nacen los romances, en WhatsApp es donde florecen... hasta que tu pareja te revisa el celular.

México es un país deportista. Bueno, más o menos. A pesar de que somos el segundo país más obeso del mundo, también es cierto que un buen número de personas practica algún tipo de deporte y que existe un conflictivo Comité Olímpico Mexicano.

México es gordito, pero deportista. Asistimos a estadios, autódromos, arenas, polifuncionales, canchas llaneras y absolutamente cualquier evento deportivo, siempre y cuando vendan cervezas (de ahí lo gordito), así que les platicaré de los deportes que más fama tienen en el país.

Futbol

Hablar de futbol es como conocer a la tía de tu novia que vive con su "amiga" desde hace 30 años: no tenemos que explicar nada.

Once jugadores tendrán que patear un balón hasta llegar al otro extremo de la cancha y anotar un gol, estos 11 se enfrentan contra otros 11 con playera de diferente color, porque si no son capaces de confundirse y taclearse entre sí. Esto explica por qué son futbolistas y no doctores.

La ciencia aún no ha podido explicar cómo es que un país tan fanático de este deporte no ha sido capaz de pasar de cuartos de final en una copa mundial.

A ver, tenemos todos los elementos: la pobreza de Brasil, lo inmamable de Argentina, perseguimos y nos persiguen vacas como en España, pisteamos como en Alemania, olemos mal como en Francia y tenemos mala dentadura como en Inglaterra, ¿entonces qué pasa? ¿Qué nos falta? ¿En qué te fallé, mijo?

Lo más relevante que México ha aportado al futbol es "la ola", la Chiquitibum y el GRITO PROHIBIDO.

Pero como ser un perdedor nunca ha sido impedimento para un mexicano (véase Alfredo Adame), tenemos cinco divisiones, cada una con más equipos que la anterior, pero menos talento: la primera división tiene 18 equipos en competencia, mientras que la quinta o el sector *amateur* varonil tiene 700. Tenemos más oportunidades de llegar a la luna apilando a estos güeyes que construyendo un cohete.

Los equipos mexicanos más populares en la actualidad son los siguientes:

Águilas del América. Es muy común ligar a este equipo con asaltantes, pero déjenme decirles que eso es incorrecto... también están ligados con secuestradores.

Es el equipo más triunfador de México, dicen que tienes dos opciones: o los odias o los amas, convirtiéndolos en el Chumel Torres del futbol.

El equipo, perteneciente a Televisa, ha sido acusado de pagar a los árbitros, de arreglar partidos y robar torneos, lo que lo convierte en el PRI del futbol.

Personas que normalmente le van al América: gente que dice "gentes", gente que se sabe los nombres de los integrantes de Big Brother, gente que piensa que la lucha libre es real.

Las Chivas del Guadalajara. Equipo compuesto exclusivamente por mexicanos, razón suficiente para ya no irle. Han ganado muchos torneos, incluyendo el de la mascota que menos respeto impone. Una chiva, no mamen, ¿cuándo te has sentido amenazado por una chiva? ¿Qué eres?, ¿una lata?

Personas que normalmente le van a las Chivas: señores que le dicen "mano" a otros señores.

Cruz Azul. Tardaron más de 20 años en volver a ganar un torneo. Si hay alguien a quien le han roto el corazón es a la afición del Cruz Azul: son el Hachiko de las porras (weeeey, Hachiko 😭). Sacaron su nombre de una marca de cemento que, coincidentemente, es el suplemento alimenticio de gran parte de su afición.

Personas que normalmente le van al Cruz Azul: señoras que son felices en su matrimonio aunque su marido sea el mismo demonio.

Pumas de la UNAM. Es como si un morral de jerga fuera equipo deportivo, representan a la máxima casa de estudios mientras que su afición tiene el mínimo nivel de estudios. Cuatro de cada diez personas que te van a asaltar portan este jersey. Un parote para los que hacen retratos hablados.

Personas que normalmente le van a los Pumas: Asaltantes, villamelones y Joaquín López Dóriga.

Tigres y Rayados. Es como si las gemelas Olsen se cayeran gordas, güey... son lo mismo.

El Tri

El mexicano podrá estar dividido por sus equipos, por sus diferencias políticas, por si come chilaquiles rojos o verdes, pero lo único que une a todos es la Selección Mexicana, también conocida como El Tri.

NOTA: No confundir con la banda de rock mexicano, la diferencia entre ambas es que con una playera de la Selección sí puedes entrar al Palacio de Hierro.

Y es que cuando se trata del Tri jugando en un mundial, el mexicano es más unido que nunca, el rico y el pobre se reúnen a verlo en la tele de un puesto de tacos, el jefe y el godínez se pintan la cara y son iguales por lo menos un par de horas, hasta tu esposa se junta a verlo con tu novia.

Son 90 minutos en los que el mexicano se encuentra completamente en un trance, y aunque no te guste el futbol, hay algo dentro de ti que te hace sentir más mexicano que nunca. Es como escuchar el "Huapango de Moncayo" o ir al Sanborns* de los azulejos.

Y, durante un mundial, ese sentimiento dura exactamente cuatro partidos, es todo a lo que podemos aspirar. Luego la naturaleza retoma su cauce, el rico vuelve a ignorar al pobre, el jefe sigue explotando al godínez, te caga el "Huapango de Moncayo" y al Sanborns nomás vas al baño.

Los próximos cuatro años no te enterarás de ellos a pesar de que juegan como 20 veces al mes, especialmente en Estados Unidos, para deleite de nuestros hermanos migrantes a quienes siempre les mandamos el peor entretenimiento.

¿Quieres entrarle al mame del Tri en el mundial de futbol?

¿No estás entendiendo ni madres, pero te quieres sentar a comer chicharrones sin sentir discriminación?

¿No sabes qué es un fuera de lugar?

Yo tampoco, pero aquí te dejo unas frases y datos que pueden servirte para hacer como que le sabes al futbol.

GUÍA CHUMEL TORRES
Para hacerle a la mamada durante cualquier partido

- Cuando esté aburrido el juego: "Están tirando puros balonazos, caon".
- Cuando habla el ex de Kate del Castillo: "El Doctor García y Martinolli son unos cracks".
- Cuando el árbitro marca un penal contra tu equipo: "No era penal".
- Cuando el árbitro no marca un penal contra tu equipo: "¡Estás ciego, álbitrooo!"
- Cuando toman al señor del traje: "Cómo se extraña al Vasco Aguirre".
- Cuando uno se la pasa a otro desde la esquinita: "¡Que comience la danza del área chica!"
- Cuando los jugadores se ponen en filita, hombro con hombro y se tapan los huevos: "Aguas porque a balón parado son bien peligrosos".
- Cuando uno de tu equipo tumba al del otro equipo: "¡Fue al cuerpoooo!"
- Cuando uno del otro equipo tumba a uno de tu equipo: "¡Ésa es de rojaaa!"
- Cuando todos gritan algo que no es gol: "¿En qué estás pensando, álbitro?"
- Cuando todos gritan gol: "¡Goooool!" (puedes imitar la voz del Perro Bermúdez, máximo 20 segundos).

GUÍA CHUMEL TORRES
Para no ser un Chumel Torres durante cualquier partido

- La Bombonera no es una caja de dulces.
- El saque de banda no significa que ya se acabó la música.
- El tiro de esquina no son dos güeyes peleándose en la calle.
- Juego peligroso no es decirle a tu novia el nombre de tu ex.
- Muerte súbita no es visitar Acapulco.
- Irse a penales no es la actividad favorita de los youtubers.
- La liguilla no es con lo que Bejaranillo amarró sus dinerillos.
- Pichichi no es la fórmula matemática para descubrir el área de un seno (ϖ.sen).
- El Boca Juniors no es lo que googlea Aleks Syntek todos los días.
- Maradona no es una Krispy Kreme con tatuajes en la cara.
- Tiro con chanfle no es agarrarse a vergazos con Chespirito.

Fórmula 1

La Categoría Reina del Automovilismo. El deporte por excelencia del mamador. En sus paddocks encontrarás gente rica disfrutando el evento a la sombra, mientras que fans del Máster Muñoz fingen no tener insolación en las secciones más económicas (carnal, te está sangrando la nariz).

Sí. Son carros ridículamente caros, dando vueltas durante un tiempo ridículamente largo, haciendo paradas en las vulcanizadoras más rápidas del mundo.

Éste es el hábitat natural del señor que se toma fotos con edecanes. "¿¡Ése es Felipe Calderón!? Sí, sí es."

Para ser fan de la Fórmula 1 sólo necesitas sobregirar tu tarjeta para comprar los boletos, vestirte como si fueras vendedor de Vive100 y disfrutar del pinche ruidajo que sólo es mitigado por un pinchi litro de Corona Light al tiempo.

Box

El mexicano siempre está buscando un pretexto para agarrarse a golpes.

¿Perdieron mis Águilas del América? Chingazos.

¿Ganó el América? Chingazos.

¡Ni jugó! Chingazos.

Pero si juntas golpes y dinero, el mexicano va a estar ahí, y resulta que no somos nada malos peleando profesionalmente. De hecho, somos potencia mundial en esto. ¿Quién diría que un país con los índices más altos de violencia intrafamiliar iba a destacar en agarrarse a putazos por dinero? No podía saberse.

Desde "el Ratón" Macías, pasando por "el Púas" Olivares, "el Terrible" Morales, "el Guty" Espadas, "Mantequilla" Nápoles, "Pipino Cuevas", Salvador "Sal" Sánchez, "el Maromero" Páez, "la Chiquita" González y "el Finito" López hasta los inmortales Julio César Chávez, Rafael "Dinamita" Márquez y "el Canelo" Álvarez. Ellos (y muchos otros) son una prueba de que todos los boxeadores tienen los apodos más pinches, pero nadie tiene los huevos para burlarse de ellos. A ver, a poco tú dirías: "Buenas tardes, pase por acá, señor 'Don Chiquita'".

Beisbol

Otro "deporte" sumamente popular en este país es el beisbol.

Se practica sobre un terreno en forma de diamante, con una pelota decorada con cicatrices de cholo que es lanzada por un señor en forma de garrafón Electropura, la cual debe ser golpeada con un palo pitiforme de madera o aluminio.

Es el único deporte con gordos. Gordos en pijama. Gordos en pijama masticando tabaco. Éste es otro deporte inventado por blancos, perfeccionado por latinos y conocido por los cubanos como "visa".

Normalmente este deporte le gusta a gente mayor, con ideas obsoletas; suelen ser tercos, ególatras, mañaneros y se sienten Benito Juárez.

Correr a lo pendejo

El Maratón de la Ciudad de México se celebra desde 1983 (año en que se inventó correr).

Es de los más grandes de Latinoamérica y está reconocido a nivel internacional... por ser una de las carreras en donde más se hace trampa. Según una nota de *Forbes* en 2018, casi cinco mil de los 28 mil corredores fueron descalificados por tramposos... güeyes, ¿para qué hacen trampa?, de todos modos va a ganar un keniano.

Tal vez el deporte con más representantes *amateur* en el mundo. Y sólo necesitas... pues eso, correr. La mitad de tus amigos... ok, de tus contactos en Facebook, lo practica. Y lo sabes no por haberlo preguntado, sino porque aprovechan cada perro momento para recordártelo.

—Sí quisiera, pero tengo que correr mañana.

—Órale, qué padre, ¿me puedes dar un café del día por favor?

NOTA DEL AUTOR: Yo sé que hay más deportes (como el basquetbol, tenis o americano), pero seamos realistas, es como Six Flags: la versión chida es la gringa.

¿DE QUÉ SE RÍE EL MEXICANO?

"El mexicano se ríe de todo: se ríe de la muerte, se ríe de la vida, no respeta nada. El humor en México no tiene restricciones."

Esto es totalmente... ¡FAAALSO!

La verdad es que somos como cualquier otro país. No somos tan especiales ni complejos a la hora de reírnos. Ok, no vivimos bajo un régimen dictatorial y autoritario en el que el gobierno nos ataca si hacemos chistes (sólo sus seguidores lo hacen, pero hey: lagunas legales), pero igual no nos gusta que se burlen de lo que apreciamos.

Por un chiste somos capaces de pedir la cancelación de ese alguien que se burló de algo de lo que no nos gusta que se burlen. Es más, pedimos hasta la cancelación del baboso Consejo Nacional para la Prevención de la Discriminación que se atrevió a invitarlo a un foro, por poner un ejemplo.

No nos reímos de todo, y eso está bien porque no todo es gracioso (te estoy viendo a ti, Multimedios). Es muy bonita la idea de que, como cuando apagan las luces en una orgía, a todo le entramos... pero es mentira. Les sugiero que hagan comedia política en una de las épocas más polarizadas del país y me vengan a contar cómo les fue.

Entonces, ¿de qué nos reímos? Pues depende. Depende de quién seas, dónde vivas y hasta del momento histórico. Hagamos un breve repaso por la historia del humor en México (¡aaaysitú, muy historiador!).

En la época prehispánica el humor corría a cargo de los sacerdotes de jerarquía mediana de cada templo. Ellos eran los encargados de preparar a las personas para los sacrificios humanos, y un chiste recurrente era decirles que se habían equivocado y podían salir en libertad. Cuando la víctima en cuestión ponía cara de alivio ¡BAM! Le sacaban el corazón.

(...)

No, la verdad no tengo idea de cuál era el humor en la época prehispánica. Probablemente era eso o memes de Quetzalcóatl.

AMÁ, TENGO AMSIEDATL

Según Fernando Ayala Blanco, la primera caricatura política que se publicó en México es de 1826 y era una crítica contra la tiranía. Podrá sorprenderles, pero hubo una época en la que los moneros se dedicaban a burlarse del poder en lugar de besarle los empeines al presidente. A lo mejor es porque en 1826 no les habían ofrecido programas en Canal Once, vaya usted a saber.

Antes de aburrirlos (más) con una clase de historia de la comedia mexicana, mejor decidamos entre todos saltarnos cualquier cosa que no haya quedado registrada en video. Como siempre decimos en mi equipo: sólo cuentan los que salen a cuadro.

Así entonces, podemos irnos directamente a la comedia de carpas y con eso al mejor comediante que este país ha dado: Cantinflas. No, no es broma. Ammmo a Cantinflas. Lo tenía todo: comedia física, juegos de palabras, cobraba en dólares. El sueño.

Cantinflas representó al humor en la época dorada del cine mexicano. Por cada dramón que nos recetaba Sarita García, este señor se encargaba de hacernos reír. E hizo escuela. Con su ejemplo formó a toda una generación de comediantes mexicanos y todo parecía hermoso y prometedor.

Luego ya no. Pero, como todas mis novias me dicen siempre, estoy llegando al final antes de tiempo.

Me parece entonces oportuno presentarles el Breve Glosario e Introducción a la Historia de los albures (albores) de la comedia en el siglo xx.

Las carpas. Ahí empezó básicamente todo, eran una especie de teatros ambulantes que ofrecían espectáculos de variedades (incluida la comedia). Había una carpa prácticamente en cada barrio y todas tenían algo distinto que ofrecer, así que tenías de dónde elegir. Eran como *lives* de Instagram pero en persona y con gente talentosa. O sea, eran lo contrario a *lives* de Instagram.

Podríamos detenernos en algunos comediantes de esa generación que brincaron de las carpas al cine de oro y de los cuales (como varias cosas en este libro) no sé mucho. Todo lo que sé de ellos es por la televisión y la televisión no se atrevería a mentirme.

Tin Tan. El Pachuco de México. Actor, cantante, comediante y bailarín. ¡El *Full Pack*! Su personaje inicialmente se basaba en la comunidad pocha de los años cuarenta. Su humor era bastante sofisticado para la época, a tal grado que el escritor Carlos Monsiváis llegó a decir que Tin Tan fue el primer mexicano del siglo XXI (irónicamente, no llegó al siglo XXI, pero la anécdota es bonita).

Clavillazo. Comediante que hablaba como Rocky Balboa luego de que Apolo Creed lo empanizara a putazos. Tenía ademanes exagerados como oficial de tránsito en ayahuasca y básicamente ése era todo su chiste... pero funcionaba. Es el ejemplo de que con sólo dos frases, ropa que no es de tu talla y el mismo personaje para todo puedes hacer cientos de películas... como Timothée Chalamet.

Resortes. Bailaba cagado (queremos creer que no cagaba bailando). Tu abuelita jura que Michael Jackson le copió el *Moonwalk*. Pero tu abuelita puso un Yoda en el nacimiento. Tu abuelita lava los platos desechables. Tu abuelita tapa los espejos en las noches porque son ventanas al más allá. Tu abuelita le reza a una foto del Buki. Tu abuelita es una idiota.

Viruta y Capulina. El Gordo y El Flaco mexicanos. Usaron la fórmula de "el menso y el tonto", como Aristegui y Solórzano. Se caracterizaban por un humor muy blanco y teto, pero ¿entrañable...? como Timothée Chalamet. Chespirito les escribía los guiones y algunos aseguran que no nomás escribía guiones, sino todas las demás letras (Chistorete blanco y teto).

Palillo. Considerado El Rey de la Carpa y el maestro de la comedia política a mediados del siglo xx. El Chumel Torres de tus bisabuelos, pues. Nomás que a él sí lo metieron varias veces a la cárcel por su trabajo y no únicamente por hacerse pipí en la Feria de Aguascalientes.

Por supuesto hay muchos más, pero la verdad es que quiero venderle a la editorial un libro de historia de la comedia en México y no puedo darles todo ahorita porque luego qué vendo, joven.

Así que saltemos directamente hasta el punto de la comedia que más formó a mi generación: Andrés Bustamante y Víctor Trujillo. Ponchito y Brozo, lo mejor de nuestra juventud.

Todos. Absolutamente todos esperábamos que hubiera olimpiadas o mundial para ver al genio de Bustamante como enviado especial de José Ramón Fernández. La infinita hueva que los nerds sentíamos cuando los viejitos hablaban de deportes era recompensada cuando el Hooligan le partía la madre a la escenografía... y al conductor de TV Azteca. Y qué decir de Brozo y sus cuentos, de la Beba Galván, de Estetoscopio Medina Chaires. El señor Trujillo.

Ellos eran comedia inteligente, ellos eran el paso que necesitábamos dar y el nuevo punto de partida para que la comedia mexicana, NUESTRA comedia, por fin llegara a los niveles más altos, y parecía que hacia allá íbamos cuando Eugenio Derbez y Gus Rodríguez llevaron ese mismo concepto a la televisora más importante del país. Pero luego llegó Jorge Ortiz de Pinedo y todo se fue al carajo.

Perdón. Perrrdón si vestir a mujeres como edecanes mientras ancianos en traje de niño se las sabrosean no me parece chistoso. Si quisiera ver señores faltando al respeto a mujeres guapas llevaría a mi abuelo a un Hooters.

El daño que le hizo ese señor a la comedia mexicana sólo puede ser comparado con el daño que Victoriano Huerta le hizo a Francisco I. Madero. Y Huerta hizo lo suyo manteniendo al mínimo el porcentaje de edecanes acosadas.

Luego de que Ortiz de Pinedo le diera un *roofie* a la comedia del país, quedamos apendejados por años, hasta que, por ahí de la primera década de los 2000, surgió un movimiento que intentaba impulsar el formato de *standup* en México.

Una generación de jóvenes (y Gon Curiel) criada por la televisión gringa y que no tuvo que padecer viendo *Humor es... Los Comediantes* (pero que tampoco vieron la campaña de Vive sin drogas), nos presentó el *standup* chingón, el gringo, el de a deveras. No Jojojorge Falcón fingiendo que despeinarse es hacer personajes mientras cuenta los mismos chistes que mandaron a tu tío a recursos humanos.

Y luego de más de diez años de impulsar la creación de bares de *standup* por todo el país y fortalecer este nuevo formato, todos se acabaron el material que tenían y terminaron haciendo podcasts donde nada más se entrevistan entre ellos y se quejan del público mexicano. Paso a pasito. Ahí vamos.

Y seguro estás pensando: "No mames, te faltó tal personaje de la comed...", sí, güey, ya te dije que es para otro libro. No estoy idiota... como tu abuelita.

"¡Este estúpido! Se va a atrever a hablar de feminismo, ¿qué no sabe que no puede? Callen a ese machista opresor".

Si tuviera un peso por cada vez que he escuchado eso... tendría 33% más dinero que las mujeres de México que hayan escuchado eso (porque en promedio ganamos ese porcentaje más cuando comparamos salarios). ¿Ven? Soy súper consciente de los entretejidos delicados de... ok ok ok, estoy de acuerdo, no es el tema más prudente para que yo le entre. Pero la alternativa es hacer un libro sobre México y no mencionar el movimiento feminista, y si hiciera eso me acusarían de "invisibilizar la lucha de las mujeres". Así que viendo que no voy a ganar esta batalla y que probablemente me la vayan a mentar haga lo que haga, pues prefiero hablar de esto. Creo.

Pero, Chumel, ¿qué carajos vas a saber tú de feminismo?

Obviamente casi nada. Como cualquier otro vato de casi 40 años que se crio en un país en el que José Alfredo Jiménez escribía canciones a las mujeres ingratas y comparándolas con caballos y condenándolas por no pelarlo... carnal, no has estado sobrio en DOS MESES.

En el México en que crecí, el feminismo no era un tema de conversación: es más... no estoy seguro de en qué año se inventaron los derechos de las mujeres, pero debió haber sido por ahí de 2015, porque más o menos fue la primera vez que escuché algo de eso.

Entonces, a lo mejor sería más fácil que en lugar de darles una cátedra de historia, ponga algunos puntos sobre cosas que he aprendido en los últimos años.

NOTA DEL EDITOR: los puntos explicados a continuación no reflejan las opiniones de esta casa editorial.

NOTA DE CHUMEL: cómo chingados no, si hay consecuencias pienso arrastrarlos conmigo. Si cancelan a uno nos cancelan a todos. Es sin miedo al éxito, papá.

NOTA DEL EDITOR: Ohquelavergapues.

- El feminismo no es lo contrario del machismo. Los güeyes que dicen que lo que deberían buscar las mujeres es la igualdad, no están entendiendo que buscar la igualdad es justamente el punto del feminismo. Por supuesto que las morras NO quieren ser ahora las que nos griten piropos en la calle y nos nalgueen en la oficina. Buscan equidad, no odiar a los hombres (tal vez Paquita la del Barrio un poco, sí).

- Si no me equivoco (y seamos honestos, es muy probable que me vaya a equivocar muchísimo en estas páginas), resulta que el feminismo no es un movimiento homogéneo, sino que son muchos movimientos juntos. Y a ratos ni tan juntos porque se pelean machín (¿se pelean femenín?). Por ejemplo, unas creen que se debería incluir a las mujeres trans en el movimiento, otras escribieron *Harry Potter*. El feminismo de una mujer indígena de Chiapas tiene prioridades distintas al de una chava de la Condesa. El único punto de la agenda en el que creo que coinciden es en "ya bájenle de huevos, cabrones", palabras más, palabras menos, para referirse a la violencia contra las mujeres.

- Sororidad NO es la canción que mandó hacer Salinas en el 89.
- Nosotros no deberíamos ir a las marchas feministas y querer marchar. No te toca, güey. Es como si quisieras ir a huevo a un quirófano a intervenir en una cirugía (a menos que seas el cirujano, tú sí ven, no mames) (o cirujana, ¿ven? aprendí mucho... mucha), deja que lo hagan los que saben por qué y cómo. El punto es que si eres hombre no te metas y ya, haz caso.
- En todo el mundo el feminismo busca erradicar la violencia contra las mujeres por un tema de principios, pero en México es un tema de supervivencia. Cuando bajemos la tasa de violencia familiar y feminicidios, podremos quejarnos de que las marchas sean violentas.
- El punto G existe (y algún día Google Maps me va a ayudar a encontrarlo).

Y, finalmente, si quieres saber en serio sobre el tema... la neta éste no es el libro. Hay un chingo de material de escritoras mexicanas. Hermila Galindo, Marta Lamas, Marcela Lagarde, Elvia Carrillo, Eréndira Derbez... ¿Sabían que cuando Sor Juana no estaba posando para los billetes también escribía?

Esto y otras cosas es básicamente lo que he aprendido y ahora comparto con ustedes.

Y habiendo resuelto el tema del feminismo en México... ¿qué sigue por arreglar en este país?

LA VERDADERA HISTORIA DEL NARCO EN MÉXICO

LAS TRES TRANSFORMACIONES
DE MEXICO

México, como todos los países que se dignan en aparecer en Google Maps, ha sufrido transformaciones políticas y sociales a través de su historia. Y para conocer a México, es menester saber cuáles son estas transformaciones.

Depende de a quién le preguntes, te dirá que han sido tres, cuatro, y algunos respetados historiadores opinan que hasta cinco o más.

Yo no soy historiador... vamos... ni siquiera soy respetado. Así que cuando a mí me preguntan —y nadie me ha preguntado— siempre digo que al menos lleva tres Y NO MÁS.

Por lo tanto, enumeremos en estricto orden cronológico las tres transformaciones de México... O al menos las tres en las que estamos la mayoría de acuerdo. Y para no entrar en conflicto, diré que podrían no estar todas las que son, pero eso sí, son todas las que están.

1ª Transformación

La guerra de Independencia
(Independence Day)
(1810-1821)

Sí. Un conflicto tan importante que hasta le hicieron su monumento con un angelote para adornar la punta (o "Victoria alada", para quien no cree en los ángeles) (o "Víctor y Alada", para quien no sabe leer). (O "Victoria la hada", para quienes todavía creemos en la magia.)

Una guerra ideada por españoles para combatir el yugo de otros españoles en un territorio que ni era de los españoles. Pero México sí puso su parte: los campos de batalla y los muertos.

La cosa, en corto, estuvo así: el cura Miguel Hidalgo, junto a muchas otras personas con nombres de estación del metro de la CDMX, encabezó un movimiento para liberar a México de la dominación extranjera que entonces llevaba 300 años... Y aunque ahorita ya llevamos 500, siento que ya no estamos tan enojados como hace 200.

El marcador hasta el momento: MÉXICO 1 - 0 LOS OTROS.

2ª Transformación

La Guerra de Reforma (WaReform)
(1858-1861)

Otro conflicto con nombre de avenida. ¡Pero qué avenida, señores! ¡Avenidaza! ¡Avenidón!

Fueron momentos difíciles en México, pues nadie sabía si obedecer a la Constitución, a la Iglesia o a don

Benito Juárez (el señor del billete de 500 pesos existía en la vida real y medía exactamente lo que ese billete).

Liberales contra conservadores. Charros contra gánsteres. Mirreyes contra Godínez. Se impulsaron las Leyes de Reforma y se logró la separación de la Iglesia y el Estado. Y hasta estos días se coquetean de vez en vez, pero siguen sin hablarse, al menos oficialmente. Como Brad Pitt y Jennifer Aniston.

El marcador hasta el momento: MÉXICO 2 - 0 LOS OTROS.

3ª Transformación

La Revolución Mexicana
(Mexico Mexico Revolution!)
(1910-1917)
También tiene su monumento, su avenida y su estación del metro. Por lo tanto, es otro episodio importante.

Aquí el asunto fue luchar contra Porfirio Díaz y su banda de punk El Porfiriato, que llevaban 30 años en el primer lugar del Hit Parade. El problema fue que todos los que odiaban a don Porfi también se odiaban entre sí. Lo que derivó en un desfile de presidentes, muertos y presidentes muertos en donde el último que quedara en pie ganaba. Quién sabe quién ganó, pero muchos opinan que no fue México.

Al final se firmó la Constitución que hasta el momento nos rige. Tachada, corregida, aumentada, rápida y furiosa como Alejandra Guzmán, y como Alejandra Guzmán, es nuestra y la queremos.

El marcador hasta el momento: MÉXICO 3 - 0 LOS OTROS.

NOTA DEL AUTOR: Si te movió la curiosidad o necesitas más detalles, puedes leer sobre la historia de México en mi libro *La historia de la República*, donde hago un recuento de... pues la historia de la República. Mi sintaxis, como mi lógica, es irrefutable.

TODOS SON HIJOS DEL PRI:
Historia política de México

1929, año en el que todo comenzó a valer madres... de nuevo. O sea, sí, la neta la historia de México es una colección de puntos de partida cuya meta siempre es la misma: un presidente pendejo. Pero este año fue particularmente malo porque fue cuando se fundó el PRI. Si México fuera *Jurassic Park*, 1929 es el momento en el que un pendejo dijo: "¿Y si hacemos experimentos con ese mosquito?"

Hasta hoy seguimos sufriendo a sus candidatos, quienes terminan convirtiéndose en alcaldes, gobernadores, diputados y ocupando cualquier posición con cinco pesos de presupuesto. Y aunque los bajamos de la presidencia en el año 2000 (y de nuevo en 2018), aquí siguen, son más persistentes que Aleks Syntek en Papalote Museo del Niño: "¿¡¿Cómo que no hay niños en exhibición?!? ¡¡¡Ahí dice clarito, MUSEO DEL NIÑO!!!"

Y la historia política de México no puede sacudirse una verdad absoluta: todos son hijos del PRI. El árbol genealógico siempre conecta con papá, con esa infección en los huevos de nuestra cultura a la que no hay antibiótico que la alivie.

Hablar del PRI es hablar de la larga cadena de presidentes impuestos por el partido y de una escuela de políticos y de costumbres de las que todavía no podemos deshacernos. El que sale del PRI no lo hace por ideología: lo hace porque quiere puestos que no le iban a dar en ese partido, y lo que se aprende ahí termina replicándose en partidos naranjas, rojos y de cualquier otro color (o tono de piel).

1929. Plutarco Elías Calles crea el Partido Nacional Revolucionario o PNR. Científicos ponen el reloj del apocalipsis en diez minutos para la medianoche.

1934. Lázaro Cárdenas asume la presidencia porque Calles así lo quiso.

1936. "El Tata" Cárdenas se rebela y se desentiende de Calles. "¡Que te calles, Calles!"

1938. El PNR (jeje: pene erre) pasa a ser el Partido de la Revolución Mexicana (PRM) con la intención de transitar de un gobierno populista a uno democrático y llevar a México al primer mundo (¡primer mundo, allá vamos!).

1939. Manuel Gómez Morín funda el Partido Acción Nacional (PAN). Llegan las niñas bien a la política mexicana.

1946. Nace, ahora sí, el Partido Revolucionario Institucional (PRI). Habemus anticristo. (Todavía no llegamos al primer mundo... pero ya merito.)

1989. Cuauhtémoc Cárdenas, Porfirio Muñoz Ledo e Ifigenia Martínez fundan el Partido de la Revolución Democrática (PRD). Un joven mancebo llamado Andrés Manuel se relame los bigotes.

1989. Ernesto Ruffo Appel (inventor del muy poco popular Appel Watch) gana las elecciones en Baja California, convirtiéndose en el primer gobernador no priista. Spoiler: no nos fue mejor con una alternativa al PRI.

1990. Con la misión de nunca trabajar, se crea el Partido del Trabajo (PT). Un joven sin bañar se relame los bigotes.

1991. El PRD y el PAN hacen un *Amar te duele* en San Luis Potosí. ¿Quién dijo que la izquierda y la derecha sólo podían odiarse?

1999. Surge la máquina de hacer publicidad con uno de los colores más horrendos que existen: el naranja. El nombre original fue Convergencia por la Democracia; su fundador, Dante Delgado, empezó en la política en el PRI. Se comienza la creación *in vitro* del niño Yuawi.

2000. El PRI pierde por primera vez la elección presidencial. (El primer mundo se tambalea.)

2011. Como una célula que va mutando, surge Morena, un hijo rebelde del PRD que, a su vez, era el hijo rebelde del PRI. El peor nieto desde que don Eleazar Hitler le regaló un libro de liderazgo al pequeño.

2011. El naranja se convierte en lo que es ahora Movimiento Ciudadano. Nace Yuawi de nueve años.

2011. Los naranjas se juntan con el PRD y el PT para formar la alianza Movimiento Progresista, y así respaldar a Andrés Manuel López Obrador en las elecciones de 2012. *Juego de Tronos*, pero con gente fea.

2018. Casi 90% de los candidatos políticos de Morena son expriistas. No podía saberse.

2019. Aunque no haya ganado su candidato a la presidencia, el PRI gobierna en la mayor cantidad de estados. (Justo cuando ya estábamos a puuuunto de llegar al primer mundo, que llega Morena, caray.)

2020. El PRI, el PAN y el PRD confirman coalición para vencer a Morena "por el bien de México". Básicamente es tu *bully* de la prepa madreándose a tu *bully* de la secundaria por el derecho de robarte tu torta.

2021. El PRI obtiene respuesta positiva de ocho entidades durante las elecciones. México no ha aprendido nada. (¿Saben qué? Ni que estuviera tan verga el primer mundo. La felicidad está en apreciar lo que tienes, o lo que no tienes.)

Aunque ha habido otros partidos pequeños, prácticamente todos han tenido el mismo origen y terminan de una u otra forma hermanándose con lo que sigue brotando de ese ente que fundó Plutarco Elías Calles hace casi 100 años. Por eso no debe sorprendernos que...

TODOS SON CHAPULINES

Repitan después de mí: todos los políticos son iguales. La única misionvisionvalores de los sociópatas que quieren estar en una boleta electoral es tener poder y puestos, cueste lo que cueste. Cambian de partido con la misma facilidad que tú aceptas los términos y condiciones de Apple: sin leer el contrato y aceptando todo a lo pendejo.

Esta hambre de poder a costa de tu reputación hace que sus principios sean más cambiantes que las facciones de Eiza González y, como Eiza Gónzalez, con el único propósito de llegar cada vez más alto.

Por eso tenemos chapulines como:

Andrés Manuel López Obrador. El enemigo número uno del PRI... que estuvo afiliado al PRI de 1970 a 1988. Después fue el enemigo número uno del PRD... a pesar de haber sido su candidato presidencial en dos ocasiones. ¿Eso significa que cuando dejó el PRD decidió salirse de la política? ¡Claro que no, amiguito! Fundó Morena en 2014, tercer partido al que ha estado afiliado para llegar (por fin) a la presidencia en 2018 y así convertirse en el enemigo número uno de los Nintendos.

Al momento de escribir este libro, no sabemos si se va a reelegir (aunque es el único que ha tenido que aclararlo ante un notario). Pero si nos lees desde el año 2033, platícanos de AMLOTRØN 3000.

Miguel Ángel Yunes. Fue diputado local y federal por el PRI, del cual fue militante desde 1969 hasta 2004. Luego de eso, se convirtió en gobernador del Mordor mexicano (Veracruz) gracias a la impía alianza PAN-PRD, dos partidos completamente opuestos: Montescos y Capuletos, Chivas y América, Karla Panini y Karla Luna, Origel y Chapoy, Taylor Swift y Kanye, Marvel y DC, Luis Miguel y la paternidad responsable.

Con esto se demuestra que jala más aliarse al PAN que el qué dirán.

Martí Batres. El señor que fortalece la leche adicionando CreciZinc y caca (dato real). Estuvo en las filas del PRD durante 23 años. Después decidió que la lealtad son los papás y en 2012 renunció a dicho partido. De inmediato AMLO lo nombró presidente de Morena en la Ciudad de México para que pudiera adicionarle al partido una nueva estrategia política... y caca.

Jaime Rodríguez Calderón, el Bronco. Cuando apenas era un potrillo se desempeñó como diputado federal por el PRI en 1992, luego como diputado local en 1997 y como presidente municipal de García, Nuevo León, de 2009 a 2012. Luego de eso, cuando le negaron la candidatura en ese partido, renunció y se postuló como candidato independiente a gobernador en las elecciones de 2012 y las ganó. Aquí lo único que se perdió fue nuestra confianza en los candidatos independientes.

Momentos cumbre de su vida política: comparar a su esposa con una yegua, pedir que les mochen las manos a los ladrones y llevar una bala a un debate. Ya sabes, Nuevo León.

Clara Luz Flores. La señora que demanda cuando hacen comedia sobre ella militó en el PRI durante 22 años. Fue alcaldesa de Escobedo, Nuevo León. En las elecciones de 2021 renunció a ese partido y se unió a Morena para participar como candidata a gobernadora. De su cercanía con la secta de Keith Raniere no puedo hablar porque mi abogado me lo prohibió.

Rosario Robles. Miss "Centro de Rehabilitación y Reinserción Social" fue presidenta del PRD de 2002 a 2003.

Luego de broncas con Andrés Manuel, y viendo que no iba a crecer mucho en ese partido, se unió a la campaña de Enrique Peña Nieto a la presidencia de México en 2012.

¿Qué tienes en común con ella? Que su problema es amar demasiado. Primero su pareja la involucra en los videoescándalos de Bejarano. Después su jefe, el expresidente Peña, la deja sola en el asunto de La Estafa Maestra y la arrestan. Y luego su abogado le dice "mañana sales..." y eso fue hace tres años... y todavía no sale. Como tú, hermana... Más puntería con los hombres.

Hay bastantes más chapulines, como Lily Téllez, Porfirio Muñoz Ledo, Ricardo Monreal, Félix Salgado Macedonio o Tatiana Clouthier, pero la neta qué goeeeeva seguir hablando de política. Ojalá hubiera algún tipo de noticiero de comedia para hacer este tipo de análisis de manera graciosa, sería un gran proyecto... en fin.

Vamos a una de mis partes favoritas de este libro. Aunque no lo crean.

GLOSARIO (PALABRAS QUE SÓLO LOS MEXICANOS ENTIENDEN)

México es un país rico en muchos ámbitos (excepto en la riqueza que importa) y el lenguaje del mexicano no es la excepción. En algunos países de habla hispana entender a un mexicano se considera un deporte de alto riesgo. Los mexicanos hablan así no por necesidad o circunstancia. Hablan así porque así los hizo el mundo.

Y aunque España nos hizo el favor (o no) de conquistarnos, México estará eternamente conectado a sus idiomas nativos. Y gracias a la geografía (o no) también lo estará al inglés más pinche que se puede hablar: el inglés estadounidense... peor tantito: el inglés texano.

Muchas palabras mexicanas son una combinación de las lenguas que lo han rodeado: el náhuatl, el maya, el mixteco, el tarahumara y, como ya dijimos, el inglés de nuestros vecinos del norte (los gringos, no los regios, cálmense). Imagino que alguien en algún momento echó a la licuadora (o al molcajete) un diccionario de cada lengua y de ahí se hizo un mix (un mix-teco) de idiomas. Pero así es el mexicano. En todo.

Miguel de Cervantes debe estar retorciéndose en su tumba por lo que hemos hecho con su legado (aunque debe estar cabrón retorcerse en la tumba con una sola mano). Pero aun así, México cuenta con una de las versiones del español más ricas del mundo.

No haré un ensayo sobre por qué el mexicano habla como habla. Porque 1: no sé cómo se hace un ensayo, y 2: eso ya lo han hecho peores mexicanos y/o mejores escritores que yo. Desde Octavio Paz, que en *El laberinto de la soledad* le dedica tooodo un capítulo a la "Chingada"; hasta Armando Jiménez con su *Picardía mexicana* (del siglo pasado, ambos recomendadísimos, por cierto).

Sin más preámbulos, demos paso al glosario de *México: Manual de usuario*.

(Le iba a poner "Glosario Robles" pero ustedes no están listos para este nivel de comedia.)

A

Aber. Galante respuesta al mensaje de "me voy a bañar".

Achis. Expresión de asombro y/o sorpresa ante dos o más mariachis.

¡Aguas! Ten cuidado.

Alebrije. Pokemón mexicano.

Arre. *véase* Jalo.

Asumadre. Hipérbole que denota el grado de cabroneidad/cabronitud de algo.

Ayayay. Expresión de incredulidad y suspicacia ante un hecho de probabilidad incierta.

B

Banda. Grupo de amigos o conocidos con quien se departe para el consumo de alcohol y/o estupefacientes.
(*Sin.*) Bandita, bandamax, bandái, bandera, bandoleros, osito banda, banda-briel.

Bergas. Inaudito.

Bichota. Post-buchona.

Bolillo. La navaja suiza del Chilango.

Buchona. Musa alabastrina de delicados modos, excéntrico gusto y refinado paladar para el Buchanan's.

C

Caber. Coeficiente de capacidad volumétrica comúnmente relacionado con la belleza, turgencia y/o buenitud.

Cabido. Caber en participio (o participia).

Cabrón. Cabra de tamaño descomunal. Persona que rebasa en capacidades al promedio. Suceso inverosímil. Mineral vegetal para personas con dislexia.

Cámara. Un asalto inminente cuando ya te la sabes.

Carnitas. Solicitud de paciencia cuando se pide que sean aguantadas.

CH. Escudo del Chapulín Colorado.

Chairo. Persona con tendencias políticas de izquierda comúnmente proclive al ska, el desempleo y el uso lúdico de la marihuana.

Chapulín. Persona que se asocia a un comportamiento dubitativo, desleal y ventajoso en cuestiones amatorias y políticas.

Charolastra. Chairo con poder adquisitivo. *Véase* Frezapatista.

Chavorruco. Persona mayor de 30 años que habita un mundo que ya no le pertenece. Vive en negación a la pérdida de la juventud y por lo general se le distingue por tener un comportamiento/lenguaje/modo de vestir que no corresponde a su edad real. Servidor y amigo.

Chido. De total aceptación.

Chilango. Dícese del oriundo de la capital de la República Mexicana. Diestro en el uso del bolillo y/o telera como alimento, arma, herramienta, transporte, refugio y calzado.

Chingo. Unidad métrica inconsistente usada para indicar abundancia.

E

Ecatepec. Inhóspita y feroz tierra del Estado de México en cuyas entrañas encontrarás una dolorosa muerte que durará un millón de años.

École. Precisamente.

Ewe. Presta atención.

Erizo. Que experimenta la falta de droga/alcohol/desahogo sexual.

F

Fantasías Miguel. Santuario en cuyas cámaras reposan los secretos de la manualidad, tanto *amateur* como *connoisseur*.

Fifí. Según la Austeridad Republicana, persona que traiciona a la patria al no ser pobre. El coeficiente de fifiez se determina como el cociente entre el privilegio y lo chairo, todo a la potencia de la red social más pedera del momento.

$$F = (privilegio/chairo)^{twitter}$$

Frenaaa. Secta de señores jubilados que, al no ser buenos para el golf, deciden pasar el tiempo conspirando contra el presidente.

Frezapatista. Persona con ideales de izquierda y cuentas bancarias de derecha. Apoyan la revolución desde una Macbook Pro y condenan el privilegio, desde el priviliegio. *Véase* Activista de Starbucks.

G

Gacho. Inaceptable/inadmisible.

Godínez. Empleado de oficina. Presa natural de Elektra, Coppel y/o asaltantes de combi. Su alimento base son los frutos del árbol de Tupperware. Suele cumplir su ciclo de apareamiento en la posada de la oficina.

Gomichela. Creación del *sommelier* Gomtër Chela-vsky, quien combinó el néctar de cebada fermentada con la gragea de gominola con retrogusto picante (*fructus gommæ*).

Grito prohibido. Track número 9 del álbum *¿Dónde jugarán las niñas?*, de la banda Molotov.

Güey. Referente al individuo.

H

Haiga. Es *haya*, pendejo.

Huachicol. Del inglés "watch & cool", usado para describir a quienes observan pasivamente la ordeña, recanalización y venta de combustibles. Es la principal actividad económica de Guanajuato.

Huevón. Persona en situación de letargo.

I

Jalo. Consiento y procedo.

Jericalla. Aborto de flan.

Jiribilla. Es la incorporación de sorna, chispa o pantomima a una situación otrora tediosa.

L

Lata. Conducta que es exasperante al ser dada.

Lerengo. De torpe proceder.

Libro. Usted está aquí.

Lilo. Compañera de Stitch.

Lulú. Persona que arre. *Véase* Arre.

Mano. Ayuda, cuando es echada.

Margarito (Mgt). Unidad de longitud propuesta por este autor con una equivalencia de 500 mm. Ej.: "Mido 3.5 margaritos". "Eso está a bastantes margaritos." "Deme tres margaritos de soga."

Marihuana. Multivitamínico del chairo. En México se fuma, se unta, se come y se bebe. Todo, menos se legaliza.

Marihuano. León de Zoé.

Maroma. Machincuepa ideológica.

Micheladas. El eslabón perdido entre la cerveza y la gomichela. Es una cerveza mezclada con todas las salsas que encuentra un divorciado en su refri.

Monchis. Pequeños Ramones o Ramoncitos.

Morra. Jóvena o de edada corta. Norteñismo para novia, esposa, cónyuge, jaina, nalguita, pioresnada, dueña de las quincenas, amigovia, canko, costilla, mi chava, mi vieja, mi ñora, mi amooor.

Morro. Joven o de edad corta.

Multimedios. *Alma mater* de las edecanes en México. Cuna de payasos, botargas, futuros candidatos y lo que sea que sea Chavana.

Munchies. Necesidad física de la ingesta alimenticia posterior a la inspira de vapores cannábicos.

Naco. Independientemente de la situación socioeconómica, persona carente de clase. Ejemplos hay muchos y casi todos convergen en Fernández Noroña.

Ni fu ni fa. Algo vergavalente.

Nini. Persona en situación de Nintendo.

Noa noa. Es un lugar de ambiente, donde todo es diferente, donde siempre de repente bailarás toda la noche. Ahí.

Ñ

Ñango. De frágil y precaria estructura.

Ñáñaras. Sensación que se origina en el perineo como respuesta a una situación de asco, miedo o peligro. Diferentes escuelas del pensamiento lo consideran el sentido arácnido del mexicano.

Ñoño. Doble ñegación.

O

Ohquelá. Señal de frustración ante aquel o aquello que chinga con reiteración.

Olovorgo. Inconcebible.

Ontás. Solicitud de coordenadas motivada por el caber. *Véase* Caber.

Ora. Reflejo verbal post-arrimón.

Órale. Coincido/concurro/concuerdo.

Oso. De pena cuando se hace. Peligroso cuando ataca.

Otaku. Endémico de la Frikiplaza que padece hidrofobia y mantiene la virtud intacta alejando al sexo opuesto a través de un intenso olor a caca.

OTI. Premio robado a José José.

Otsss. Reiteración afirmativa.

P

Papantla. Lugar cuyos hijos vuelan (¿el Krypton mexicano?).

Papas. De connotación sexual si se acompaña de pollito.

Payaso. Infortunio cuando uno te lleva a cuestas.

Pelaná. "Saludos cordiales", en yucateco.

Pena. Robar y que te cachen.

Pendejo. Poco avispado. Que le falta sagacidad. Político.

Perrhijo. Título otorgado a una mascota víctima de una persona con escasas probabilidades de contraer nupcias.

Pinche. De escaso valor.

Pistear. Beber con norteños.

Ponchar. Tener relaciones sexuales con uno o más Alfonsos.

Puto. El que lo lea.

Q

Quesadilla. Tortilla doblada si eres chilango. Tortilla con queso si eres una persona normal.

R

Rajón. Pusilánime.

Rapidín. Cópula apresurada.

Ra-ra-ra. Lo que sucede después de "a la bio, a la bao".

Regatear. Negociación entre tacaños y/o papás.

Ricachá. Danza folclórica de los marcianos.

Rifar. De desempeño sobresaliente.

Rola. "Caballero, es mi turno de fumar mariguana."

Ruco. Vetusto.

S

Sanborns. Baño público.

Sancho. Fiel escudero de Don Quijote que, aprovechando tu ausencia, se coge a tu mujer.

Síguele. El DEFCON 1 de las mamás.

Simi. Cardiólogo, gastroenterólogo, otorrinolaringólogo, sobador, enfermero y médico internista en forma de botarga danzante.

Simón. Mezzosoprano del grupo a capella Alvin y las Ardillas.

Sotol. Emulsión de Scott para los niños chihuahuenses.

Standupero. Persona en situación de cocaína.

Sugar. Principal fuente de trabajo de la instagramera.

T

Tacha. Signo reprobatorio escolar que orilla a los niños a consumirlas cuando crecen.

Taco. Todo puede ser taco, si le pierdes el asco.

Tambor. Valedor furro de Bambi.

Tarado. Persona que paga por cursos de *coaching* empresarial.

Tepalcuanas. Glúteos.

Tocho. Dícese de lo que es morocho.

Todasmías. Galán de balneario con delirios de grandeza.

Torta. Alimento que trae consigo bajo el brazo un afortunado niño al nacer.

Tranza. Maniobra necesaria para avanzar en México.

Troca. Pick-up y cantina/motel/cama/alberca portátil del norteño.

TT. Yo, cada semana.

V

Valedor. Persona de tu entera confianza o güey que conociste en la peda.

Vato. Muy peligroso cuando es loco y forever.

Vavava. Sísísí.

Veleta. Que no sabe a dónde va, su única ley, el palo que le sujeta.

Veñ. Súplica de compañía.

Verga. Que es el mejor. Que sobresale.

Vikingo. Nórdico hot dog del Oxxo.

Vocho. Autobot nazi escondido en México esperando el Cuarto Reich.

W

Wacha. Contempla.

Wawis. Regalo de cumpleaños para el hombre casado.

Whitexican. El autor de este libro.

X

Xalapa. Jalar en veracruzano.

Xiaomi. iPhone menesteroso.

Xochimilco. La Venecia mexicana. Hogar del ajolote y de Gab (principal depredador del ajolote).

Xuxa. Retroquepo.

Y

Ya. Quiero acabar este libro.

Yepa. Expresión de felicidad de Speedy González.

Yoni. Primera persona del singular. Baño portátil.

Z

Zacatito. "¿Me das un poco de mariguana?"

Zafo. Antijalo.

Zaz. Estoy de acuerdo con el lugar, hora y actividad propuesta.

Ahora usted, amable lector, sabe todo lo que se tiene documentado acerca de esta tilma de Juan Diego, de esta tierra altanera, preciosa y orgullosa, de la región más transparente del aire, de este país al que amamos, odiamos, nos cae gordo, veneramos y habitamos. Usted, hermano, ya es mexicano.

Gracias por leer. Nos vemos la próxima.

FIN

México: Manual de usuario de Chumel Torres
se terminó de imprimir en septiembre de 2022
en los talleres de
Litográfica Ingramex, S.A. de C.V.,
Centeno 162-1, Col. Granjas Esmeralda, C.P. 09810,
Ciudad de México.